中等职业教育课程改革创新示范教材

销售服务实务

Xiaoshou Fuwu Shiwu

胡燕倩 刘伟 主 编

田娜 副主编

东北财经大学出版社
Dongbei University of Finance & Economics Press

大连

ⓒ 胡燕倩 刘 伟 2014

图书在版编目（CIP）数据

销售服务实务／胡燕倩，刘伟主编 .—大连：东北财经大学
出版社，2014.6
（中等职业教育课程改革创新示范教材）
ISBN 978-7-5654-1529-6

Ⅰ.销… Ⅱ.①胡… ②刘… Ⅲ.零售业-销售服务-中等专
业学校-教材 Ⅳ.F713.32

中国版本图书馆 CIP 数据核字（2014）第 102712 号

东北财经大学出版社出版
（大连市黑石礁尖山街 217 号 邮政编码 116025）
教学支持：（0411）84710309
营 销 部：（0411）84710711
总 编 室：（0411）84710523
网 址：http：//www.dufep.cn
读者信箱：dufep @ dufe.edu.cn

大连图腾彩色印刷有限公司印刷 东北财经大学出版社发行

幅面尺寸：185mm×260mm 字数：280 千字 印张：13
2014 年 6 月第 1 版 2014 年 6 月第 1 次印刷

责任编辑：周 欢 责任校对：赵 楠
封面设计：张智波 版式设计：钟福建

ISBN 978-7-5654-1529-6
定价：26.00 元

前　言

　　本书的编写依据中等职业教育"以就业为导向，以学生为主体，着眼于学生职业生涯的发展，注重职业素养的培养，有利于课程改革"的总原则，结合中职学生现有的文化基础、知识结构，按照本学科的特点，以实用、够用为出发点且能反映产业升级、技术进步和职业岗位变化的要求；同时，全书注重诚实守信、爱岗敬业、沟通合作等素质和能力的培养以及市场、质量、安全和环保等意识的养成；注重"做中学、做中教"，教学做合一，将典型工作任务和成熟的最新成果纳入教材，以实践问题解决为纽带，实现知识、技能与情感态度的有机整合；准确嵌入职业标准、行业标准或企业标准，实现学历证书和职业资格证书的"双证"融通，为中职学生毕业后能够继续接受高等教育、顺利取得国家职业资格证书提供条件。

　　本书采用了项目课程、任务驱动教学的结构设计，项目一至项目七按照职业领域的工作逻辑确定教学单元，以案例导入、学习目标、任务描述、任务学习、知识拓展、任务分析、任务实训等为体例组织教材结构和教学单元，体现模块的系列化，做到梯度明晰、序化适当。在素材的选择上，力求选择的素材来源于生活和生产实际，并充分考虑其趣味性和真实性，有效地促进学生职业兴趣的发展和职业能力的拓展。在表达方式上，力求通俗易懂，深入浅出，满足职业学校学生的阅读和学习习惯；有些知识点采用大量翔实的照片与图表进行简明、形象的表述和介绍。

　　本书共分七个项目，包括：认知销售、做好准备工作、设计布局与陈列商品、接待顾客、学会销售操作技术、学会收银、完善售后服务，附录1至附录7为相关法律与法规。本书由大连商业学校胡燕倩、刘伟担任主编，项目一、项目二、项目四、项目七由田娜编写，项目三由赵春霞、胡燕倩编写，项目五由赵春霞编写，项目六由江雪英编写，附录1至附录7由赵春霞、刘伟编写，全书由田娜统稿。

　　在本书的编写过程中，全国商业中专教育研究会副会长安如磐教授、大连职工大学副校长邓国民教授一直给予支持和关怀，大商集团培训中心尹燕讲师及省级劳动模范肖姐女士给予了专业化的指导，大连商业学校李文东、张素洁等领导和老师给予了支持和帮助，在此一并表示衷心感谢。由于水平有限，书中难免有不足之处，敬请广大读者批评、指正。

　　本书可作为中等职业学校商品经营专业的教材，也可作为商业从业人员在职培训及自学辅导用书，以及商品经营相关专业学生参加营业员技术等级考核的指导用书。

编　者

2014 年 4 月

目 录

项目一　认知销售 ··· 1

　　任务 1　认知销售人员 ··· 1

　　任务 2　明确岗位职责 ··· 8

　　任务 3　提升职业素质 ·· 13

项目二　做好准备工作 ··· 22

　　任务 1　整理仪容仪表 ·· 22

　　任务 2　准备销售商品 ·· 26

　　任务 3　备齐辅助用具 ·· 31

项目三　设计布局与陈列商品 ··· 38

　　任务 1　设计店面布局 ·· 39

　　任务 2　陈列鞋类商品 ·· 45

　　任务 3　陈列服装类商品 ··· 57

　　任务 4　陈列家电类商品 ··· 65

　　任务 5　陈列食品类商品 ··· 75

　　任务 6　陈列百货类商品 ··· 85

项目四　接待顾客 ·· 94

　　任务 1　揣摩顾客心理 ·· 94

　　任务 2　运用沟通技巧 ·· 102

　　任务 3　做好柜台接待 ·· 107

项目五	学会销售操作技术	114
	任务1 拿放商品技术	114
	任务2 称量商品	121
	任务3 包装礼品	125
	任务4 捆扎商品	131
	任务5 计算价格	137
	任务6 开具票据	140
	任务7 点数钞票	148
项目六	学会收银	154
	任务1 操作收银机	154
	任务2 结算银行卡	160
项目七	完善售后服务	164
	任务1 处理顾客的异议	165
	任务2 处理顾客的投诉	169
	任务3 处理退换商品	175
附录1	我国《消费者权益保护法》的相关知识	181
附录2	我国《产品质量法》的相关知识	185
附录3	我国《反不正当竞争法》的相关知识	188
附录4	我国《广告法》的相关知识	191
附录5	我国《价格法》的相关知识	193
附录6	我国《食品安全法》的相关知识	197
附录7	我国《劳动法》的相关知识	199
主要参考文献		201

认知销售

❖【案例导入】

有一天，一位老太太拎着篮子去菜市场买水果。

她来到第一家水果店，问："有李子卖吗？"店主见有生意，马上迎上前说："老太太，买李子啊？您看我这李子又大又甜，刚进货回来，新鲜得很呢！"没想到老太太一听，竟扭头走了。

老太太接着来到第二家水果店，同样问："有李子卖吗？"第二位店主迎上前说："老太太，您要买李子啊？""啊。"老太太应道。"我这里李子有酸的，也有甜的，您是想买酸的还是想买甜的？""我想买一斤酸李子。"于是老太太买了一斤酸李子就走了。

老太太买完李子继续在菜市场中逛，不知不觉中来到第三家水果店，便随口问道："有李子卖吗？"第三位店主马上迎上前说："老太太，您要买李子啊？""啊。"老太太应道。"我这里李子有酸的，也有甜的，那您是想买酸的还是想买甜的？""我想买1斤酸李子。"

第三位店主不解地问道："别人买李子都要又大又甜的，您为什么要酸的李子呢？"

"我儿媳妇要生孩子了，想吃酸的。"

"老太太，您对儿媳妇真体贴，她想吃酸的，说明她一定能给您生个大胖孙子。您要多少？"

"我再来1斤吧。"老太太被店主说得很高兴，便又买了1斤。

店主边拿李子边聊道："怀孕期间的营养是非常关键的，不仅要多补充些高蛋白的食物，听说多吃些维生素丰富的水果，生下的宝宝会更聪明些！"

"是啊！吃哪种水果含的维生素更丰富些呢？"

"很多书上说猕猴桃含维生素最丰富！"

"那你这儿有猕猴桃卖吗？"

"当然有，您看我这进口的猕猴桃个大，汁多，含维生素多，您要不先买1斤回去给您儿媳妇尝尝！"

这样，老太太不仅买了李子，还买了1斤进口的猕猴桃，而且以后几乎每隔一两天就要来这家店里买各种水果。

任务 1

认知销售人员

销售是介绍产品提供的利益，以满足客户特定需求的过程。简单的理解就是帮助有需要的人们得到他们所需要东西的过程。而销售人员是完成销售工作的关键，对企业的生存和发展起着举足轻重的作用。

【学习目标】

1. 清晰理解销售人员的职业定位
2. 正确认识销售人员在销售工作中的作用

【任务描述】

上课了，老师问大家一个问题："相信每个人小时候都有自己的志愿，比如说长大要做医生、老师、律师等，请问有没有人立志做一名营业员呢？"同学们都摇摇头笑着说："怎么会有这样的人呢？不可能！"

老师让大家说说自己对营业员和销售人员的看法，同学们纷纷发言，有的说："营业员不就是'收钱的'、'推销的'、'站商场的'嘛！"有的说："销售人员就是将商品推销给顾客的人！"还有的说："只有没有什么能力的人才会去做营业员，营业员的工作非常简单的，是谁都可以胜任的。"

其实不但是顾客对营业员有误解，据国际权威调查机构的调查数据显示：就连营业员自身同样对自己抱着轻视的态度。

动动脑? 同学们，其实以上的想法都是不正确的。那么我们该如何正确认识销售人员呢？

【任务学习】

一、销售人员的定义

销售人员是指在一定的经营环境中，采用适当的方法和技巧，宣传企业产品品牌、引导潜在顾客购买产品或服务、实现企业销售目标的工作人员。他们的主要职责是完成销售目标，实现企业利润。

二、销售人员的作用

随着市场的产品细分，不同的行业对于销售人员的称谓也不尽相同。如将化妆品行业的销售人员称为"时尚顾问"，药品及保健品行业的销售人员称为"健康专员"、"营养咨询师"，房地产行业的销售人员称为"房产经纪人"。虽然现在对销售人员的称谓名目繁多，但是其工作性质都是基本相同的，即根据顾客的需求，介绍商品的特性，解除顾客的疑虑，帮助顾客实现购买行为。

（一）推广品牌形象

在顾客的购买行为中，顾客会将产品、品牌以及企业形象与销售人员的一言一行、一举一动联系起来。因为销售人员是企业与顾客之间沟通的桥梁，销售商品的过程实际上就是企业通过销售人员将企业、文化、品牌传递给顾客，使顾客了解、接受、认同并最终购买的过程。

（二）销售产品

销售工作的结果就是实现商品销售和利润获得。一个企业唯有在创造利润之后，才谈得上发展。因此，销售人员要充分运用自己的销售技术、综合素养以及个人魅力，努力争取每一个顾客，不断扩大产品的销量，为企业带来利润和效益，使企业长久地发展和壮大。

（三）收集信息

销售人员是销售终端工作人员，要面对面地与顾客沟通。一方面，销售人员将产品的相关信息真实有效地传递给顾客，让顾客对企业的经营理念、企业实力、发展规划、服务项目和服务保证等情况有所了解，从而接受产品、认同企业。另一方面，销售人员通过亲眼目睹，能够直接了解到顾客对产品的要求和看法、产品存在的问题以及改进的建议，甚至是顾客需求的变化、竞争对手的经营状况等等，将这些信息迅速收集反馈，为企业的研发生产、市场预测及经营决策提供重要依据。

（四）提供服务

销售人员在销售产品的同时，还向顾客提供各种服务，包括售前、售中和售后服务。如商品的信息咨询、商品的使用和保养方法、商品的安装和维修、商品的捆扎包装等等，热情周到地为顾客提供优质服务、建议和帮助，赢得顾客的信赖，提高企业的信誉。

❖【知识拓展】

顾客的价值

美国服务专家罗瑞·迪霍伯格、约翰·基德尼在所著《销售诀窍和顾客心理》一书中，曾对顾客的价值进行了科学的总结，具体如下：

1. 顾客是商业经营中最重要的人。

2. 顾客是营业员、商店经理和商店所有者薪水的来源。

3. 顾客是商店各种经营活动的血液。

4. 顾客是商店的一个组成部分，不是局外人。

5. 顾客不会无事登门，是为买商品而来。

6. 顾客不是有求于我们，而是我们有求于顾客。

7. 顾客会给我们带来利益，而我们不会给顾客带来利益。

8. 顾客不是冷血动物，而是拥有七情六欲的普通人。

9. 顾客不是我们与之争论或与之斗争的人。

10. 顾客是我们应当给予最高礼遇的人。

而在顾客心目中的营业员应该：

1. 了解顾客对产品的兴趣和爱好。

2. 帮助顾客选择最能满足他们需要的产品。

3. 向顾客介绍所推荐产品的特点。

4. 向顾客说明买到此种产品后会给他带来的好处。

5. 回答顾客对产品提出的疑问。

6. 说服顾客下决心购买此种产品。

7. 向顾客推荐连带性产品和服务项目。

8. 让顾客相信购买此种产品是一个明智的选择。

❖【任务分析】

1. 营业员是很平常却值得尊敬的一个职业。营业员是商场的主角，是企业和产品的形象代表，也是顾客和企业的中介与纽带，更是促进企业发展必不可少的动力来源。

2. 营业员并不是无一技之长、无可奈何的职业选择。要成为一名优秀的营业员，是需要经过长期的专业训练的，要精通心理学、行销学、口才学、人际沟通等知识。营业员是一个全才，不但双手要敏捷，双脚要勤快；而且脑袋要清楚，心理要放开。

3. 基层服务是积累经验、资历的基石，是通向服务业中的中高层管理工作岗位或自主创业的阶梯。服务工作也有级别之分，年轻时工作经验少、资历浅，被安排在基层做服务，可乘机踏踏实实锻炼一下自己，等到经验再多一些、资历再深一些的时候，服务业中的中高层管理工作的岗位则非你莫属；再者说，基层服务也可以为自主创业打下良好的基础。

❖【任务实训】

1. 训练名称：销售人员职业素质测试卷。

2. 训练时间：20 分钟 。

3. 训练内容：

销售人员职业素质测试卷（一）

测评对象：＿＿＿＿＿＿＿　　测评日期：＿＿＿＿＿＿＿　　测评结果：＿＿＿＿＿＿＿

一、每题有多种选择答案，请选择最符合你的答案（适用于男性回答）。

1. 你和别人告别时，下次相会的时间地点是在哪里？（　　　）

A. 对方提出的　　　　　　　　B. 谁也没有提这事

C. 我提议的

2. 你是否在与人寒暄之后，很快就找到双方共同感兴趣的话题？（　　　）

A. 是的，对此我很敏感　　　　B. 我觉得这很难

C. 必须经过较长一段时间才能找到

3. 通过第一次交谈，你们分别所占用的时间是多少？（　　　）

A. 差不多　　　　　　　　　　B. 他多我少

C. 我多于他

4. 与人会面时，你说话的音量总是怎样？（　　　）

A. 很低，以致别人听得较困难　B. 柔和而低沉

C. 声音高亢热情

5. 你说话时是否使用身体语言？（　　　）

A. 做些手势 B. 从不指手画脚

C. 我常用姿势补充言语表达

6. 假若别人谈到了你兴趣索然的话题，你将如何表现？（　　）

A. 打断别人，另起1个话题 B. 显得沉闷、忍耐

C. 仍然认真听，从中寻找乐趣

二、每题有多种选择答案，请选择最符合你的答案（适用于女性回答）。

1. 与人说话时，你的手上动作如何？（　　）

A. 几乎不用手势 B. 很喜欢打手势

C. 常常用手捂住嘴巴

2. 有过被初次见面的男士约会的事吗？（　　）

A. 有过几次 B. 大概只有一次

C. 没有

3. 曾经因为被长辈或老师认为心眼坏而生气吗？（　　）

A. 没有 B. 只有一两次

C. 经常有

4. 在很拥挤的公共汽车或地铁车厢里，曾经被人握住手或碰到过吗？（　　）

A. 经常碰到 B. 只有一两次

C. 没有

5. 看到自己照片的模样，有何感想？（　　）

A. 这张照片拍得很好 B. 完全不像自己

C. 这张照片还凑合 D. 总是感到讨厌

6. 你习惯怎样分开你的头发？（　　）

A. 中间分 B. 向右或向左分

C. 不分缝

三、请根据自己的情况，仔细做出选择。

1. 3个人正在谈话，他（她）们正在谈论什么呢？请选择一个与你所想到的最接近的答案。（　　）

A. 上个星期天看球赛的事情

B. 公司里有关上司的谣传

C. 有关同一个办公楼的女职员的谣言

D. 今天晚上要打麻将的事

2. 如果你明天一定要早上6点起床，必须定闹钟来叫醒你，你会把闹钟的定时针调到几点几分？（　　）

A. 5：55 B. 5：45

C. 6：00

3. 如果你有个生病而在床上躺了10年的弟弟，因此你不能和所爱的人结婚，这时你会怎样想？（　　）

A. 在他没好之前继续照顾他，这是你的责任

B. 希望把他送进大医院，但不知道有谁可以帮你

C. 自己很不幸

4. 你上学时代的好朋友，跟你的男（女）朋友进入旅馆的时候，恰好被你看见了，但他们没有看见你，此时你怎么办？（　　）

A. 走到他们面前破口大骂

B. 找时间向你的男（女）朋友询问

C. 假装没事，以后再慢慢探出他们的真心话

5. 你和男（女）朋友逛街，结果迷了路，而那个地方你们两个都没有去过，这时你怎么办？（　　）

A. 找附近的警察问一问　　　　B. 看地图确定位置

C. 先往热闹的地方走走再说　　D. 先去咖啡店休息，再问店里的人

6. 你会从以下哪一个人那儿得到钱？请你只选一个选项。（　　　　）

A. 现在能给3 000元的人

B. 在三个星期后能给你6 000元的人

C. 三个月后能给你9 000元的人

7. 当你离开电视机去接电话的时候，屏幕上正出现1男1女的场面，5分钟后你回来后，你认为屏幕上又会出现什么镜头呢？（　　　　）

A. 悲伤的离别场面　　　　　　B. 因重逢而高兴的欢乐场面

C. 床上的镜头　　　　　　　　D. 两个人拥抱在一起接吻

4. 训练要求及设施：提供实训教室，测试卷1张，学生自备笔1支。

5. 评分标准：

销售人员职业素质测试卷（一）参考答案

一、测试目标：男性第一印象指数得分，如表1-1所示。

表1-1　　　　　　　　　　　　　　男性第一印象指数的得分

题号 \ 分数 \ 答案	A	B	C
1	1	3	5
2	5	1	3
3	3	5	1
4	3	5	1
5	3	5	1
6	1	3	5

诊断结果：

分数为6~11分：第一印象较差。你也许本心是很愿意给别人一个美好印象的，可是不经意中，或缺乏体贴、或言语举止使人产生误解。

分数为12~23分：第一印象一般。你的表现中存在着某些令人愉快的成分，但同

时又有不尽如人意之处。

分数为 24～30 分：第一印象佳。你适度、温和、合作的态度给第一次见到你的人留下了难忘的印象。

二、测评目标：女性第一印象指数得分，如表 1-2 所示。

表 1-2　　　　　　　　　　　女性第一印象指数的得分

题号　　分数　　答案	A	B	C	D
1	3	5	1	—
2	5	3	1	—
3	5	3	1	—
4	5	3	1	—
5	5	1	3	1
6	1	3	5	—

诊断结果：

分数为 6～12 分：第一印象较差。你让人觉得态度冷淡，难以接近。

分数为 13～19 分：第一印象一般。你不会给人留下不好的印象，但表现一般，因而也不会给人留下难忘的印象。

分数为 20～26 分：第一印象较好。你平易近人，惹人喜爱，给第一次见到你的人留下了难忘的印象。

分数为 27～30 分：第一印象极好。你有很强的个人魅力，往往给人留下极深刻的印象。

三、测评目标：亲和力得分，如表 1-3 所示。

表 1-3　　　　　　　　　　　亲和力的得分

题号　　分数　　答案	A	B	C	D
1	1	3	5	1
2	5	1	3	—
3	1	3	5	—
4	5	3	1	—
5	1	3	5	5
6	5	3	1	—
7	5	1	3	3

诊断结果：

分数为 7～12 分：你的亲和力非常强，容易获得他人的喜爱。

分数为 13~18 分：你有较强的亲和力。

分数为 19~24 分：你有一定的亲和力。

分数为 25~30 分：你的亲和力较低。

分数为 31 分以上：你的亲和力很差。

任务 2

明确岗位职责

销售人员的岗位职责是通过提供优秀的服务态度、专业的销售技巧及良好的购物环境来完成销售及活动目标。

【学习目标】

1. 全面履行营业员的岗位职责

2. 严格遵守营业员的工作规范

【任务描述】

小李是一家化妆品单位的专柜营业员，对每一位顾客他都会非常耐心地为他们服务，直到他们满意地离开。另外，他还是一个非常有心的人，对于顾客的一些看法、意见，他都会注意收集。比如，他多次听到一些顾客抱怨某种产品包装过大，携带极不方便，于是他记在心里，核查了一下，发现该种产品的销量一直不佳。一次，厂家的经理上门时，他把这个信息向其反馈，后来企业相应地对这种产品进行了改装，换成小瓶包装，很快这种产品的销量就上去了。

动动脑？同学们，小李在服务顾客的同时，还留心收集了顾客对产品的使用反馈信息。请问，这是作为销售人员应该做的吗？

【任务学习】

根据教学要求及课程目标，在本书中除特殊说明外，销售人员特指在规定负责的卖场内接待顾客、服务顾客、销售商品的营业员。

营业员是连接商家销售活动与顾客购买活动的"桥梁"。所以，营业员的服务对象有两个：一是企业，二是顾客。在销售现场，营业员必须懂得站在顾客和企业双方的角度，销售产品是重要任务，服务顾客是分内责任。

一、营业员的岗位职责

1. 文明经商，礼貌待客，服务周到。不冷落顶撞顾客，坚持一视同仁。自觉做到对待顾客有爱心、诚心、耐心、热心。

2. 遵守国家相关价格的规定，不进行不正当价格竞争，不随意涨价，不争相提价。维护商业信誉，讲求公平诚信。公平买卖，老少无欺，明码标价，保质保量。

3. 热爱本职工作，调整良好的服务心态，增强职业自信心和责任心，努力提高自身职业技能和综合素质。

4. 讲究仪表仪容，维护企业形象。仪态端庄大方，衣着干净整洁，做到柜组窗明几净，商品陈列摆放有序，品种齐全。

5. 洁身自爱，廉洁奉公，爱护公共财产，提高安全防范意识。确保柜组商品的安全，严格履行商品防盗抢的职责并敢于同贪污、盗窃行为作斗争。

6. 遵守各项管理规定及相关制度。切实履行经营策略，严格执行保密制度。

7. 接受顾客和领导的监督和批评指正，做到有错就改，不护短、不包庇。

二、营业员的工作规范

1. 穿好工作服和佩戴好工号牌。

2. 上班不迟到、不早退，不无故请假，不随便调班，不擅离工作岗位。

3. 有顾客时，要热情待客，礼貌服务，有问必答。无顾客时，要整理商品，使其整洁美观。

4. 虚心接受顾客的批评和建议，不准与顾客顶撞、争吵。

5. 不在柜台内聊天、打闹、接电话，不在柜台内玩手机、吃东西、看报、抽烟、睡觉、闲坐。

6. 不准在柜台内会客、办私事。当班时间不准购买自己经营的商品。

7. 不准带小孩或让非本柜台营业员上岗。

8. 不准代卖私人物品，不准销售不符合质量标准的商品。

9. 不准因上货、盘点、结账等内部工作而影响接待顾客。

10. 不许私换外币，不准收取顾客小费，不准故意多收或少收顾客的钱。

11. 不准挪用、借用销售货款和票券。

12. 不内部私分商品。

三、营业员的工作内容

1. 柜台卫生。营业前认真做好店内、店外卫生，做到店内、店外一尘不染。严格执行"卫生制度"，做到地上干净，玻璃明亮，柜台无积灰、无死角、无虫害。每周大扫除，全店彻底清洁，消毒1次。

2. 商品陈列。根据商品的色彩、体积、造型、外观来设计摆放和陈列；要布局合理、类别醒目、美观艺术、丰满整洁，创造舒适的购物环境。营业前准备好用品、用具，及时补充商品，并检查品种是否齐全，有无新货需及时上柜。营业中随时保证柜台及货架上的展示商品充足和整齐。检查柜台及库存商品数量是否充足，品质是否合格，标签是否正确，不合格商品坚决不能销售。

3. 商品销售。积极热情地接待顾客，运用各种销售技巧，真诚地为顾客提供各种服务。介绍商品时实事求是，既不夸大优点，也不隐瞒缺点，真心地为顾客考虑，并主动介绍商品的养护知识，避免顾客蒙受经济损失。通过营业员的销售服务，向顾客展示良好的企业形象，提高企业及品牌的知名度。

4. 商品包装。包装之前核对品种、数量，并确认无损坏或短缺，征询顾客意见是否撕掉标价。包扎、装货要准确迅速、美观大方、牢固结实、方便携带。

5. 开具收款收据。清晰完整地填制销售票据，核对账货是否相符，做到准确无误。顾客付款之后，核对单据和电脑小票，并收回售货单的柜组联。将售货单、顾客联及电脑小票交还给顾客，并叮嘱其妥善保管，以备商品退换时查验。

6. 交接班。认真清点货品数量，按照规定完成日、周、月的报表填写工作，做好专柜销售记录和定期盘点库存，确保商品账实相符。交接班时，应对接班人员告知商品销售已补货和需补货商品情况，做到交接清楚，补货无重复。

✿【知识拓展】

文明服务规范十条要求

1. 顾客进店、主动招呼、不冷落人。
2. 顾客询问、详细答复、不讨厌人。
3. 顾客挑选、诚实介绍、不欺骗人。
4. 顾客少买、同样热情、不讽刺人。
5. 顾客不买、自找原因、不挖苦人。
6. 顾客退换、实事求是、不埋怨人。
7. 顾客意见、虚心接受、不报复人。
8. 顾客有错、说理解释、不指责人。
9. 顾客伤残、关心帮助、不取笑人。
10. 顾客离店、热情道别、不催促人。

服务黄金数字

1. 1个满意的顾客会影响到3个人，1个不满意的顾客会影响到8~12个人。

2. 94%的不愉快客人从不向公司反映问题，剩下的如果投诉处理得当，其中60%不愉快的顾客将维系商业关系；如果其投诉得到迅速处理，则维系商业关系的顾客比率会上升至95%。

3. 当顾客心中有抱怨时：4%的顾客会告诉你原因，96%的顾客会默默离去（其中91%的顾客不再光顾你的商店）。

4. 顾客为何不上门？3%的原因是顾客要搬家，6%的原因是顾客有固定商家，9%的原因是你的商品价钱高，14%的原因是你的产品品质不佳，68%的原因是你的服务不周到。

5. 1位不满的顾客，平均会将他的抱怨转告给8~12个人；当你留给他1个负面的印象后，往往得有12个正面印象才能弥补。

6. 妥善处理顾客的抱怨、不满后，70%的顾客会再次光顾；当场圆满解决后，

95%的顾客会再次光顾；平均而言，当1位顾客的抱怨被圆满处理后，他会将满意的情形转告给5个人。

　　7. 你吸引1位新到顾客的力量，平均是保有1位老顾客的6倍力量。

❀【任务分析】

　　作为营业员，不但要承担销售产品、服务顾客的工作，还必须承担开拓市场的责任。营业员站在市场的最前沿，他每天面对着不同的顾客，可以从顾客那里得到许多有关厂家、产品、市场情况以及你本身工作的反馈意见。如果营业员能够及时地收集这些信息，就可以获得更多的回头客，提高自己的营业水平，也可以帮助厂家更好地打开市场和扩大客源。另外，同行的竞争也很激烈，营业员除了要收集自己产品的信息以外，同时也要对竞争者的情报进行收集。

❀【任务实训】

　　1. 训练名称：销售人员职业素质测试卷。

　　2. 训练时间：20分钟。

　　3. 训练内容：

销售人员职业素质测试卷（二）

测评对象：＿＿＿＿＿＿＿　测评日期：＿＿＿＿＿＿＿　测评结果：＿＿＿＿＿＿＿

一、请根据自己的实际情况，如实地选择答案。

1. 如果有机会的话，我愿意（　　　）。

A. 到一个繁华的城市旅行　　　　B. 游览清静的山区

C. 介于A、B之间

2. 如果我在工厂里工作，我愿做（　　　）。

A. 技术性的工作　　　　　　　　B. 宣传性的工作

C. 介于A、B之间

3. 在阅读时，我喜欢（　　　）。

A. 有关太空旅行的书籍　　　　　B. 有关家庭教育的书籍

C. 不太确定

4. 如果待遇相同，我想当一名（　　　）。

A. 律师　　　　　　　　　　　　B. 航海员

C. 不确定

5. 按照我的个人兴趣，我最乐于参加（　　　）。

A. 摄影组活动　　　　　　　　　B. 文娱队活动

C. 不确定

二、根据自己的实际情况，请选择"是"或"否"。

1. 你认为自己是个寻常人吗？（　　　）

2. 你经常希望自己长得像××人吗？（　　　）

3. 你时常羡慕别人的成就吗？（　　　）

4. 你为了不使他人难过，而放弃自己喜欢做的事吗？（　　　）

5. 你会为了讨好别人而打扮吗？（　　　）

6. 你经常勉强自己做许多不愿意做的事吗？（　　　）

7. 你任由他人来支配你的生活吗？（　　　）

8. 你认为你的优点比缺点多吗？（　　　）

9. 你经常对人说抱歉吗，即使是在别人不对的情况下？（　　　）

10. 如果在无意的情况下伤害了别人，你会难过吗？（　　　）

11. 你希望自己具备更多的天赋和才能吗？（　　　）

12. 你会经常听取别人的意见吗？（　　　）

13. 在聚会上，你经常等别人先跟你打招呼吗？（　　　）

14. 你每天照镜子超过 3 次吗？（　　　）

15. 你有很强的个性吗？（　　　）

16. 你是个优秀的领导者吗？（　　　）

17. 你的记性很好吗？（　　　）

18. 你对异性有吸引力吗？（　　　）

19. 你懂得理财吗？（　　　）

20. 买衣服前，你通常听取别人的意见吗？（　　　）

4. 训练要求及设施：提供实训教室，测试卷 1 张，学生自备笔 1 支。

5. 评分标准：

销售人员职业素质测试卷（二）参考答案

一、测评目标：外向型程度得分，如表 1-4 所示。

表 1-4　　　　　　　　　　　　　　　外向型程度的得分

题号 ＼ 答案分数	A	B	C
1	2	1	0
2	0	1	2
3	0	1	2
4	2	1	0
5	0	1	2

诊断结果：

分数为 7~10 分：乐观外向型。得 15 分以上的人通常和蔼可亲，与人合作与适应的能力较强。喜欢与别人共同工作，愿意参加或是组织各种社团活动，不斤斤计较，容易接受别人的批评，萍水相逢也可以一见如故。需要注意的是，在一些原则问题上坚持自己的立场。

分数为 4~6 分：务实中和型。既不是一个内向的也不是一个外向的人。但能与人和善相处，共同工作，有时也感到自己孤独、寂寞。

分数为 0～3 分：沉默孤独型。内向、沉默、孤独。通常表现为执拗，对人冷漠，落落寡合，吹毛求疵，宁愿独自工作，面对事而不对人。不轻易放弃一己之见，为人处世和工作的标准都很高，严谨而不苟且。

二、测评目标：自信心水平得分，如表 1-5 所示。

表 1-5 自信心水平的得分

答案＼分数＼题号	1	2	3	4	5	6	7	8	9	10
是	0	0	0	0	0	0	0	1	0	0
否	1	1	1	1	1	1	1	0	1	1
答案＼分数＼题号	11	12	13	14	15	16	17	18	19	20
是	0	0	0	1	1	1	1	1	1	0
否	1	1	1	0	0	0	0	0	0	1

诊断结果：

分数为 13 分以上：对自己很有信心，敢作敢为，同时清楚自己的优缺点。但是，如果得分接近 20 分，那么有可能过于自信，甚至有些自大和浮夸。

分数为 7～12 分：对自己较有信心，也有的时候信心不足。

分数为 0～6 分：对自己没有太多的信心，过于谦虚，容易形成自我压抑。

任务 3

提升职业素质

营业员是商品销售的代表，是商品生产商与顾客交流的关键环节。营业员的素质是企业形象的直接体现，其素质高低关系到企业发展、决定企业经营成败。随着消费市场的不断升级，消费者群体对营业员素质要求提出了更多、更高的要求。

【学习目标】

1. 深刻理解职业道德，并以此来约束自己的职业行为

2. 提高职业意识，提升职业素养

【任务描述】

王丽丽同学是一名应届毕业生，刚刚走出校园的她找到了一份某知名品牌服装的销售工作。在工作中，王丽丽有一个困惑：不同顾客来到柜台购买服装，在介绍商品时，

其特点往往不尽相同，真不知从哪里入手向他们介绍。

旁边的小李不在意地说："从哪里入手有那么重要吗？我都是随便说说的。"

动动脑? 同学们，你觉得小李说的对吗？我们该如何帮助王丽丽呢？

❖【任务学习】

职业道德是指从事一定职业的人，在工作中遵循的与其职业活动紧密联系的准则和规范。

营业员职业道德是营业员在接待顾客时所应遵循的职业行为准则。它的核心是为顾客服务，向消费者负责，并通过全体营业员的一言一行，表现出对顾客的服务精神，反映出企业的精神面貌。

一、职业道德

良好的职业道德是营业员自我完善的必要条件，是营业员职业活动的指南。营业员职业道德的修养，主要是指职业责任、职业纪律、职业情感以及职业能力的修养。

1. 热爱本职、忠于职守

热爱本职、忠于职守是职业道德的一条主要规范。作为营业员，热爱本职也就是热爱自己的工作岗位，树立职业情感，只有具备了健康、正确的职业情感，才能将这种积极的情感指向顾客，才能使自己的营业行为符合顾客的心理需求，并在为顾客服务的实践活动中得到充分体现。忠于职守就是要忠于营业员这个特定工作岗位的各项职责，自觉履行和维护这些职责，具有强烈的事业心和职业责任感。

2. 遵纪守法、廉洁奉公

遵纪守法、廉洁奉公是营业员职业活动能够正常进行的重要保证。遵纪守法，即指营业员要遵守职业纪律及与职业活动相关的政策、法律法规。廉洁奉公是高尚的道德情操在职业活动中的重要体现，是营业员应有的思想道德品质和行为准则。廉洁奉公就是要求营业员自尊自立，做到清廉经商，不受歪风邪气的侵蚀，不利用职务之便谋取私利、泄露企业商业秘密等。

3. 公平买卖、文明经商

公平买卖、文明经商是商业道德规范的核心，也是营业员必须遵守的职业道德。公平买卖体现在：对商品准确命名、诚信无欺、明码标价。确保商品质量，并做到推销商品时不强买强卖，按质论价、优质优价、次质次价、同质同价，介绍商品时不夸大优点也不隐瞒缺点，体现商品交换的等价原则。

4. 接待顾客、真诚守信

真诚守信、讲信誉、重承诺，是经商取胜之本。作为一名营业员，要用自己的一言一行去塑造企业的形象，在对顾客的服务中要言行文明、遵守诺言，言必行、行必果，以真诚服务赢得顾客的信任。

5. 礼貌待客、热情服务

礼貌待客、热情服务是商业服务的根本行为准则。礼貌待客，即要求营业员在尊重顾客的基础上，平等对待每一位消费者，对顾客不品头论足、不以貌取人。礼貌待客还要求营业员熟知商业礼仪规范，时时处处用商业礼仪规范来指导自己的行为。热情服务，即要求营业员在接待顾客时耐心周到、态度和蔼、语言亲切。认真回答顾客的问题，做到百问不烦、百挑不厌，虚心接受顾客的批评、不计较顾客的批评、不计较顾客的态度好坏和语言轻重。通过营业员的服务工作为顾客创造一个良好的消费环境。

6. 刻苦学习、钻研业务

商品是人类智慧与文明的结晶，营业员作为销售人员，要求有相对全面的商品知识。现代商业环境下，商品的外观、内涵、效用以及营销手段都在不断发展，新时期的营业员必须努力学习，刻苦钻研业务，在实践中不断跟上行业发展的步伐。

二、职业素质

（一）业务知识体系

1. 公司与行业

公司的形象、规模、实力、行业地位、声誉等都会影响顾客对产品的信任。营业员要了解的公司情况，主要包括：公司的发展历程、现有的规模及实力、未来的发展规划、企业的经营理念以及在行业的地位。营业员了解这些，不仅能够更容易说服顾客，还可以产生对公司的荣誉感、归属感、自豪感，从而增强销售信心。

作为营业员还需要了解企业所在的行业情况，如行业的过去、现状以及未来的发展趋势等。因为只有全面了解行业的发展，才能有信心做好这一行。

2. 产品与竞争品

产品技术含量越高，产品知识在销售中的重要性就越大。营业员要将商品名称、种类、价格、特征、产地、品牌、制造流程、材质、颜色、规格、流行性、推广要点、使用方法、保养方法等基础知识牢记在心。在销售过程中，营业员应该成为产品专家，专业地、熟练地为顾客介绍、讲解产品，以营造良好的购物氛围，提高顾客的购买欲望。

营业员除了要熟知自己所销售的产品和企业的情况外，还要随时注意同行业竞争对手的举动，如同类产品或替代品的陈列展示、促销方式、市场活动、新品上市、价格变动，甚至是竞争品牌的顾客数量和层次等。

3. 经营术语

各行各业都有自己的常用术语和专业术语。对行业知识的充分了解、熟悉并灵活运用，不仅可以增加营业员的归属感，更可以增加营业员销售服务应对时的信心。

（二）业务技能体系

1. 业务活动

业务活动主要包括商品的购进、验收、销售、保管、盘点和损溢处理、价格管理等环节。营业员必须从实际出发，熟练掌握各个环节的基本业务技能。同时，作为一名优秀的营业员，对企业经营策略、市场预测决策等也应熟知。

2. 销售服务技术

销售服务技术是营业员搞好文明经商、提高服务质量的重要基础。拿、递、称、量、包扎、包装、计价开票、陈列、收款点钞和收银机操作是营业员传统的操作技术，是柜台服务的基本功，每个营业员必须全面掌握，并要做到熟练、准确、迅速、文明。

这不仅可以提高服务质量和劳动效率，而且能够赢得顾客的信赖。

（三）身心素质

身体是搞好工作的本钱。在工作中，营业员始终如一地保持主动、热情、耐心、周到的服务态度和服务质量，就要有健康的身体、充沛的精力和顽强的毅力才能胜任。而营业员健康的身体也会给顾客一种美感，使顾客产生一种可靠、信任的心理。

而良好的心理品质，也是销售工作的基础，如强烈的销售意识、热情友好的服务态度、积极勤奋的工作精神等。

【知识拓展】

一、营业员六大正确心态

1. 对顾客一视同仁

有了顾客的购买，我们才能获得销售额的增加，才能得到工资、提成、奖金，所以我们应时刻以感恩的心对待他们。营业员应本着进店都是客，不论高低贵贱的原则，对每位顾客无论年龄老小、职位高低、地域远近都热情周到地为其服务。

2. 对自己，应该抱着积极向上的态度

积极的心态具有改变人生的力量，只要你愿意耕耘它，它就会随时发挥力量。在世界芸芸众生中，作为个体的你来说，最重要的不是别人，而是你自己。你只有不断地挑战自我，争取机会，保持着自信、不断学习的态度，才会有成功的一天。要培养自己每天以愉快的心情投入工作，以耐心的态度去服务顾客，以开阔的心胸包容所有的事物。

3. 应该有与企业同甘共苦的决心

只有与企业共过"苦"，与企业一起成长，才能与企业"同甘"，被企业赏识。当企业获得成功的时候，也是你自己事业上的成功之时。很多在事业上取得成功的人士，往往是在一个企业中工作多年，由低做起，最后获得非凡的成就。执着与坚持是取得事业成功必不可少的心态。

4. 协助别人

营业员的直接服务对象是顾客，营业员的工作就是满足他们的需求。当你帮助顾客寻找、了解产品，让其需求得到满足，这一过程实际上就是一个帮助他人、实现自己价值的最好体现。

5. 最先掌握潮流资讯

由于经常有机会接触新产品，所以营业员有机会接触到许多新事物。

6. 为自己开店做准备

由于营业员站在销售的最前线，对于零售流程相当地熟悉，所以在将来，营业员可以利用自己工作的经验，开店当老板。

二、营业员六大错误心态

1. 认为自己技不如人

在传统上，营业员这种工作一直不被人们重视。很多营业员也是因为学历不高才选择从事这一职位，所以他们很多人也抱有一种传统的态度，认为自己能力不佳，技不如人。

2. 认为自己产品不好

有的销售业绩不佳的营业员常常会埋怨自己的产品和企业实力不佳，工作难以开展。

3. 顾客是等来的

有的营业员从来不愿意主动去招揽顾客，要顾客走过来询问他，他才开口与顾客说话。更有甚者，即使顾客主动询问，他也爱理不理。

4. 有提成就好好干

没提成就不用好好干。有些营业员只冲着钱工作，如果工资低，他们工作起来就没有任何冲劲。

5. 只招待有钱的人

有些营业员看到打扮入时的顾客就主动上前，热情似火，可是一看到衣着打扮稍差一点的顾客就冷若冰霜。

6. 只卖贵的不卖贱的

我们知道，很多价格贵的产品其利润都是很高的。相应地，营业员得到的提成也就多些；而很多便宜产品的利润却是很低的，相应地，营业员得到的提成就少些。所以，许多营业员就专门卖给顾客贵的产品，也不管是否与顾客的实际情况相符。

好的心态可以帮助我们实现梦想，甚至帮助我们做成自己认为不可能做到的事情；坏的心态不但不能帮助我们实现目标，还有可能限制我们的发展，因此心态非常重要。

❈【任务分析】

介绍商品时，不能够随心所欲，想起哪儿说到哪儿，而应该针对不同商品的特点进行介绍，这样才能突出商品的吸引力。

一般来说，有以下几个侧重点：

1. 侧重介绍商品的成分、性能

对于食品、日用品、化纤类纺织品等商品的介绍，应该从成分、性能方面入手，因为这类商品都具有特殊效能。例如：加钙饼干就应着重介绍其成分——添加了优质钙，以及其作用——营养丰富、容易消化，对儿童的牙齿和骨骼生长有好处等等。

2. 侧重介绍商品的造型、花色和式样

工艺品、玻璃器皿、布料、服装等商品，在外形上都独树一帜、别具风格，因此在介绍此类商品时应着重介绍其风格特点、艺术价值。例如：陶瓷制品应介绍造型或者图案、颜色上的特点，突出格调高雅、朴素、凝重，具有艺术欣赏价值。

3. 侧重介绍商品的质量特点

对一些中高档的商品，因为顾客投入的金钱较多，因此他们会特别重视质量的好坏。所以，营业员应抓住构成商品质量的主要因素、质量的标准等方面，积极地介绍，给顾客尽可能多的信心。

4. 侧重介绍商品的功能或用途

有的商品具有多种功能或多种用途。例如手机，是否有和弦铃声、是否是彩屏、是否能手写输入、是否有上网功能、是否能免提接听等等，这些功能都要向顾客——说明，如果能结合实际演示，效果则更好。

以上介绍的方法在运用时并不是独立的，有时需要将几个方面结合起来才能取得好的效果。例如，对于电器类商品，可既强调功能和用途，又强调商品质量，让顾客在被功能所吸引的同时又对质量有了信心，这样可加快其购买的决定。

❖【任务实训】

1. 训练名称：销售人员职业素质测试卷。

2. 训练时间：20 分钟 。

3. 训练内容：

销售人员职业素质测试卷（三）

测评对象：_____　　测评日期：_____　　测评结果：_____

一、以下各题，请选择一个最适合你的答案。

1. 当我同时面临一件该做的事和一件不该做但却吸引我做的事情时，我经常经过激烈的斗争，使前者占上风。（　　　）

　A. 是　　　　　　　　　　B. 有时是　　　　　　　　　C. 是与非之间

　D. 很少这样　　　　　　　E. 不是这样

2. 有时躺在床上，下决心第二天要干一件重要的事情，但到第二天这种劲头就消失了。（　　　）

　A. 常有　　　　　　　　　　B. 较常有　　　　　　　　　C. 时有时无

　D. 较少有　　　　　　　　　E. 没有

3. 我能长时间做一件重要但枯燥无味的事。（　　　）

　A. 是　　　　　　　　　　B. 有时是　　　　　　　　　C. 是与非之间

　D. 很少这样　　　　　　　E. 不是这样

4. 生活中遇到复杂情况时，我经常优柔寡断，犹豫不决。（　　　）

　A. 常有　　　　　　　　　　B. 较常有　　　　　　　　　C. 时有时无

　D. 较少有　　　　　　　　　E. 没有

5. 做一件事情之前，我首先想到的是它的重要性，其次才是它的趣味性。（　　　）

　A. 是　　　　　　　　　　B. 有时是　　　　　　　　　C. 是与非之间

　D. 很少这样　　　　　　　E. 不是这样

6. 遇到困难情况时，我常常希望别人为我拿主意。（　　　）

　A. 是　　　　　　　　　　B. 有时是　　　　　　　　　C. 是与非之间

　D. 很少这样　　　　　　　E. 不是这样

7. 我决定做一件事情，常常说干就干，决不拖延或让它落空。（　　　）

　A. 是　　　　　　　　　　B. 有时是　　　　　　　　　C. 是与非之间

　D. 很少这样　　　　　　　E. 不是这样

8. 在和别人争吵时，虽然明知不对，却忍不住说些过头话，甚至骂人。（　　　）

　A. 时常有　　　　　　　　　B. 有时有　　　　　　　　　C. 有时无

　　D. 很少有　　　　　　　　　　E. 没有

9. 我希望做一个坚强有力的人，因为我深信"有志者事竟成"。（　　　）

　　A. 是　　　　　　　　　　B. 有时是　　　　　　　　C. 是与非之间

　　D. 很少这样　　　　　　　E. 不是这样

10. 我相信机遇，好多事实证明，机遇的作用有时大大超过人的努力。（　　　）

　　A. 是　　　　　　　　　　B. 有时是　　　　　　　　C. 是与非之间

　　D. 很少这样　　　　　　　E. 不是这样

11. 我喜欢长跑、长途旅行、爬山等体育运动，但并不是我的身体条件适合这些项目，而是因为它们能锻炼我的毅力。（　　　）

　　A. 很同意　　　　　　　　B. 比较同意　　　　　　　C. 可否之间

　　D. 不大同意　　　　　　　E. 不同意

12. 我给自己定的计划常常因为主观原因不能如期完成。（　　　）

　　A. 这种情况很多　　　　　B. 较多　　　　　　　　　C. 不多不少

　　D. 较少　　　　　　　　　E. 没有

13. 如果没有特殊原因，我能每天按时起床，不睡懒觉。（　　　）

　　A. 很同意　　　　　　　　B. 比较同意　　　　　　　C. 可否之间

　　D. 不大同意　　　　　　　E. 不同意

14. 计划应有一定的灵活性，如果完成计划有困难，随时可以改变或撤销它。（　　　）

　　A. 很同意　　　　　　　　B. 较同意　　　　　　　　C. 无所谓

　　D. 不大同意　　　　　　　E. 反对

15. 在工作和娱乐发生冲突时，即使这种娱乐很有吸引力，我也会放弃它。（　　　）

　　A. 经常如此　　　　　　　B. 较经常　　　　　　　　C. 时有时无

　　D. 较少如此　　　　　　　E. 非如此

16. 学习或工作遇到困难时，最好的办法是立即向老师、同事或朋友求援。（　　　）

　　A. 同意　　　　　　　　　B. 较同意　　　　　　　　C. 无所谓

　　D. 不大同意　　　　　　　E. 反对

17. 在练长跑遇到生理反应，感觉跑不动时，我经常咬紧牙关，坚持到底。（　　　）

　　A. 经常如此　　　　　　　B. 较常如此　　　　　　　C. 时有时无

　　D. 较少如此　　　　　　　E. 非如此

18. 我常因为读一本引人入胜的小说而不能按时睡眠。（　　　）

　　A. 经常有　　　　　　　　B. 较多　　　　　　　　　C. 时有时无

　　D. 较少　　　　　　　　　E. 没有

19. 我在做一件事之前，常能想到做与不做的好坏，因而能有目的地去做。（　　　）

　　A. 经常如此　　　　　　　B. 较常如此　　　　　　　C. 时有时无

　　D. 较少如此　　　　　　　E. 非如此

20. 如果你对一件事情不感兴趣，那么不管它是什么事情，你的积极性都不高。（　　　）

A. 经常如此　　　　　B. 较常如此　　　　　C. 时有时无

D. 较少如此　　　　　E. 非如此

二、请仔细、认真地观察，并按规定回答。

1. 某寓所发生一桩枪击案，如图1-1所示的是窗户上的玻璃被枪击后，留下的2个弹孔。你能分辨出哪个弹孔是先射的，哪个弹孔是之后射的吗？（时间限制2分钟）

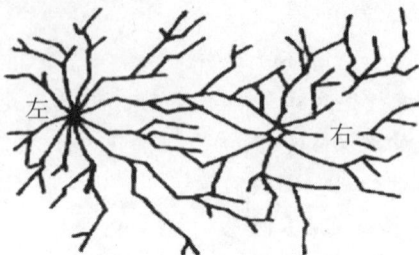

图1-1　枪击后的玻璃

2. 杰克准备去旅行，出门前妻子帮他收拾整齐，准备好东西，他还拍了1张照片，在旅途中又拍了1张，如图1-2所示；你能从照片中分出哪张是先照的吗？（时间限制2分钟）

图1-2　自拍照

3. 如图1-3所示，请仔细观察一下，你会发现图中有一些情景不符合常理，请你在1分钟之内把它们找出来。

图1-3　情景图

4. 训练要求及设施：提供实训教室，测试卷1张，学生自备笔1支。

5. 评分标准：

销售人员职业素质测试卷（三）参考答案

一、测评目标：意志力水平

分数说明：对于单号题，答案 A 的分数是 5，答案 B 的分数是 4，答案 C 的分数是 3，答案 D 的分数是 2，答案 E 的分数是 1；对于双号题，答案 A 的分数是 1，答案 B 的分数是 2，答案 C 的分数是 3，答案 D 的分数是 4，答案 E 的分数是 5。

诊断结果：

分数为 81~100 分：说明你的意志很坚强。

分数为 61~80 分：说明你的意志较坚强。

分数为 41~60 分：说明你的意志品质一般。

分数为 21~40 分：说明你的意志品质很弱。

二、测评目标：环境洞察力

1. 左边是先射的。做这样题的技巧是，最先射出的子弹周围的玻璃的扩散没有受到阻碍，即没有断裂。

2. B 是先照的。A 中掉了一个扣子，在拍 B 时扣子还没有掉。

3. （1）烟筒里冒出的烟与风向相逆，不合理。（2）人与物体的影子与太阳的位置不相符，不合理。

诊断结果：

如果能完美地答出这 3 道题，说明你的环境洞察力相当棒。

如果能答对 1~2 道题，说明你的环境洞察力不错。

如果不能答对上述任何一道题，说明你的环境洞察力很差。

做好准备工作

营业员岗位既反映一个城市的风貌，也代表着一个企业的形象。因此，对营业员上岗有特定的要求。同时，为了保证一天繁忙的销售工作顺利进行，减少顾客等候时间，提高售货效率，避免差错事故，营业员必须在营业前周到细致地做好准备工作。

【案例导入】

推销产品前，先推销自己

在西方经济发达国家，流传着这样一句话：没有卖不出去的商品，只有卖不出去商品的推销员。

推销人员要把商品卖给顾客，除了要掌握必要的推销技巧，熟知市场知识、产品知识、消费者知识外，更需要做到：成功推销自己，让顾客在购买商品前，首先接纳推销员。

日本保险业泰斗原一平在 27 岁时进入日本明治保险公司，开始推销生涯。当时，他穷得连午餐都吃不起，并露宿公园。

有一天，他向一位老和尚推销保险，等他详细地说明之后，老和尚平静地说："听完你的介绍之后，丝毫引不起我投保的意愿。"

老和尚注视原一平良久，接着又说："人与人之间，像这样相对而坐的时候，一定要具备一种强烈吸引对方的魅力，如果你做不到这一点，将来就没什么前途可言了。"

原一平哑口无言，冷汗直流。

老和尚又说："年轻人，先努力推销自己吧！"

"推销自己？"

"是的，要推销产品，首先必须推销自己，先要让别人认可你，然后才是你的产品。"

老和尚的话给了原一平很大触动，从此，原一平开始努力推销自己，改善自己，大彻大悟，终于成为一代推销大师。只有让顾客认可了你，顾客才会接受你推销的商品。

任务 1

整理仪容仪表

营业员的形象是企业形象不可分割、不可缺少的组成部分。营业员的仪容仪表会给顾客留下深刻的第一印象，对顾客心理变化起着重要作用，所以营业员要注意自身的仪表。只有注重仪容仪表，从个人形象上反映出良好的修养和蓬勃向上的生命力，才能给人以轻松愉快的美感，得到他人的沟通与理解。

❖【学习目标】

1. 能够按照仪容准备的细目进行准备
2. 能够按照服装准备的细目进行检查
3. 能够调整自我精神状态，迎接工作

❖【任务描述】

王丽丽是一名中职学校的应届毕业生。她通过面试获得了自己的第一份正式工作。上班的第一天，她穿着公司发的工装，精心地打扮了一番：卷曲的长发披在肩上，脸上化着淡妆，口红配合工装颜色选择了大红色，耳朵上带着珍珠耳坠，衣服熨烫平整没有明显褶皱，脚上穿着黑色的皮鞋，自信满满地准备去柜台。这时，店长叫住了她，说她的装扮不符合公司的规定。

动动脑? 同学们，你发现王丽丽的装扮哪里不合适吗？你能不能给王丽丽合理的建议呢？

❖【任务学习】

仪容、仪表是一个人的精神面貌、内在素质的外在表现。随着社会的发展，人们为了树立良好的形象，越来越注意追求仪表美。人们以仪表风度、气质高雅的形象维护着个人的自尊，同时也体现出对他人的尊重。在人际交往中，如果衣冠不整、不修边幅，只能被他人认为是生活懒散、作风拖沓的人。

一、服装的准备

服装是仪容仪表中的一项重要内容。现代服装除了御寒、遮羞以外，还有其他的功能，如形体展现、性别识别、职业区分、情感表达等。服装是一种无声的语言。近些年，由于企业对形象塑造的注重，营业员在工作中都是统一着装，这样可以显出庄重与整洁，并表明营业员的责任感和可信度。

1. 营业员的着装应以干净、整齐、笔挺为宜。企业有工装的，必须按规范统一着装，不得穿规定以外的服装上岗。没有统一工装的，着装要庄重大方，不能随意穿着，不能穿过于艳丽的衣服或奇装异服。

2. 女营业员不能穿袒胸服、透明服、超短裙等。穿裙装时需要配长筒袜。

3. 男营业员穿西装打领带时，要将衬衫的下摆束在裤腰里，领带要打结实。

4. 工装要保持干净整洁，经常换洗，不得有污迹，衣领、袖口等处不得有发黄、发灰、发黑等迹象，不要穿得皱皱巴巴、歪歪扭扭。非工作需要，不得将工装转借给他人。

5. 工作帽要佩戴端正。衣服纽扣要扣好，不应有掉扣、挽起衣袖、卷裤腿、光脚丫穿鞋等情况，不要把鞋当拖鞋穿。

6. 公司徽章与工号牌或证章需要佩戴好，或者在对应柜台的规定位置放置统一式样的工号牌，正面向外，以利于领导和顾客监督。

7. 皮鞋保持干净油亮。男营业员穿黑色正装皮鞋，女营业员以黑色低跟及中跟皮鞋为佳，禁止穿拖鞋、胶鞋、布鞋等其他规定以外的鞋类上岗。袜子色泽以肉色为主。

8. 营业员在工作中不宜佩戴过多的点缀物。装饰物的佩戴应点到为止，"美"加上"美"不等于"美"，浑身上下挂满装饰物、珠光宝气会给人一种庸俗之感。

一般情况下，女营业员只允许佩戴一枚戒指、一条细项链、一对耳钉；男营业员只允许佩戴一枚婚戒。应注意：

（1）不可佩戴垂下来或夸张的耳环。

（2）项链不可露出工服之外。

（3）戒指要简单细小，不许戴手链。

（4）双手只能戴一件饰物。

（5）不可佩戴亮点头饰。

二、仪容的准备

用现代商业行销的观点来看，营业员淡妆上岗会给人一种美感。因为经过化妆后的容貌会显得精神饱满，而使顾客在接触营业员时产生好感。化妆虽有人工修饰的成分，但只要得体，就会通过化妆表现出自己容貌的优点，弥补自己的不足，不仅会使自己容光焕发、精神饱满，而且还会使自己心情愉快、增强自信。

1. 面容

营业员的仪容要整洁美观。要保持面部干净，及时修面；眼角不可留有分泌物。男性营业员不准留胡须，并且每天必须剃胡须。鼻孔清洁，经常修剪鼻毛，平视时鼻毛不能露于鼻孔之外。如需戴眼镜，应保持镜片的清洁，不佩戴形状怪异的眼镜。

2. 个人卫生

营业员要注意个人清洁卫生，做到勤洗澡、勤换衣、勤理发、勤剪指甲，清除体臭。

3. 口腔

保持口气清新、保持牙齿清洁。上岗前不得吃葱、蒜、臭豆腐等带刺激异味的东西，不得喝酒及含有酒精的饮料，牙缝间不留有残余物，男士不得吸烟。

4. 头发

保持头发清洁，不油腻，无头屑并梳理干净整齐。发型要保持整洁、美观。不染夸张的发色。

（1）女营业员的发式：短发做到前不遮眉、后不过肩，两侧不挡双耳；长发及肩最好束起，用发环盘起发髻，发夹固定在耳部中间位置，并佩戴统一深色头花。

（2）男营业员的发式：短发，不可留长发，不可剃光头，鬓角不可过长，侧面头发不盖耳、不触衣领、不过分修饰，避免给顾客以油头粉面的感觉。

5. 手部

双手要保持清洁，所有指甲应短而干净。不留长指甲和涂彩色指甲油。

6. 化妆

营业员梳妆打扮要朴素大方。女性营业员化妆以淡雅、自然的淡妆为宜，不要浓妆艳抹；口红颜色要自然、亮丽，以中性或暖色系列的颜色为佳，眼影颜色应与工装颜色协调，不得使用色彩夸张的口红和眼影。

三、精神的准备

每位营业员都应随时准备着，以满腔的热情投入工作，以积极友善、面带微笑、热情真诚的神态去迎接每一位顾客，营造一个轻松和谐、令人信赖、使人愉悦舒适的购物氛围。

1. 营业前要调整好自己的情绪。营业员的情绪在工作当中会对顾客产生一定的诱导作用。好的情绪会让人感到心情舒畅，不好的情绪会对人产生消极的影响，所以，不要因自己的情绪变化、心理波动而对顾客产生负面影响。

2. 要以饱满的精神迎接顾客。营业员在工作前要调整好自己的精神状态，心胸宽阔些，要学会分解和淡化烦恼与不快，经常保持一种愉快向上的精神。

总之，营业员讲究服饰美是对本职工作严肃认真、充满热情的反映，也是对顾客表示尊重的体现，每个营业员都应当讲究仪表服饰美，不断提高自己的审美情趣和对工作、对集体的责任感。

【知识拓展】

饰品搭配的技巧

饰品包括项链、耳环、戒指、手链、手镯、脚链、手表、眼镜、丝巾、腰带、手套、包、胸花、袖扣、领带、领结、帽子等等。

饰品搭配的原则就是确保一个主题，采用对比或衬托的搭配方法。对比的效果非常醒目和前卫，而衬托的效果比较协调和低调。

结合自身的气质，饰品搭配的技巧如下：

1. 肤色红艳的人，可选用浅绿、墨绿等色的珠宝首饰，以衬托出活力。但不宜用大红、大紫或鲜蓝色的宝石，以免脸色被衬得发紫。

2. 黑肤色的人不宜佩戴白色或粉红色宝石，以免对比强烈，而使皮肤显得更黑。但用茶晶、黄玉等中间色调的宝石，可起到淡化皮肤的良好作用。

3. 肤色较白的人，可选择带宝石的首饰，与洁白的肤色相配，有文静秀美之感。但肤色过白的人，则不宜戴钻石首饰、水晶首饰，这会使肤色更显苍白。

4. 肤色略黄的人，选择白金首饰、白银首饰、象牙首饰是很恰当的，它们能增添使用者的优雅气质；若选择绿色宝石的首饰，或者彩球首饰，也很有气质。但尽量不要选择红色或黄色的珠宝首饰，这会使肤色更趋深暗，从而失去韵味。

5. 肤色蜡黄的人，宜选择红色、橙色一类的首饰，用热烈的色彩来增加佩戴者的血色，以减少容易出现的病态感。

❈【任务分析】

王丽丽打扮很时尚，但是不符合营业员的着装标准。她的主要问题有：长发不该随意披着，应该在脑后盘起，给人一种干净利落的感觉；耳朵上不该带夸张奇特的耳钉或垂下来的耳环，可佩戴简单大方的耳钉；口红颜色不该涂得太鲜艳，化妆应该以淡妆为主，颜色以中性和暖色为佳。

营业员第一印象的好坏在很大程度上影响着以后顾客对她的评价。整洁、温馨的仪容仪表是营业员最基本的职责。营业员在销售中的仪容仪表、着装装饰，必须在尊重自己和尊重顾客的基础上，突出自己的职业性、服务性，力求给顾客留下美好的第一印象，赢得他们的信任和尊重。

❈【任务实训】

1. 训练题目：仪容仪表准备及检查。

2. 训练内容：以小组为单位，选择道具进行营业员仪容仪表形象的设计，并进行自我评价和小组互评。

3. 训练时间：30分钟。

4. 训练要求及设施：提供装扮用的场地，可供备选的装扮道具如服装、鞋、首饰、化妆用品等，也可由学生准备适合的装扮道具。

5. 评分标准：如表2-1所示。

表2-1   仪容仪表准备及检查评价表

评价内容	小组自评		小组互评		教师评价	
1. 工装是否干净、整洁、得体	是	否	是	否	是	否
2. 装饰物是否简单、大方，与工装搭配和谐	是	否	是	否	是	否
3. 发型梳妆是否规范	是	否	是	否	是	否
4. 化妆是否淡雅、朴素、美观	是	否	是	否	是	否
5. 精神状态是否积极饱满，让人感受到温馨、热情、真诚	是	否	是	否	是	否
6. 整体仪容仪表设计是否有个性，能否体现出营业员的独有气质	是	否	是	否	是	否
成　绩						

任务2

准备销售商品

商品准备不足，会出现各种问题，最严重的就是缺货。缺货不仅会给企业带来经济损失，还会对品牌造成一定的负面影响。如果顾客无法购买到自己中意的商品，他就会转向购买其他品牌的商品；尤其是品牌替代性较强的商品，顾客的流失则更为严重，这样就大大降低了该品牌商品的信誉度，使得其他竞争厂商有可乘之机。由此可见，营业前的商品准备是一项非常重要的工作。

🏵【学习目标】

1. 能够按照商品准备的主要工作内容进行商品准备
2. 能够按照商品质量检查的细目进行商品准备
3. 灵活运用商品摆放的方法进行商品准备

🏵【任务描述】

王丽丽上班的第一天，她穿着整齐的工装，微笑地来到柜台前，准备开始一天的工作。此时，她发现柜台中有的商品没有价签，有的商品花色不全，有的商品被弄脏了……

动动脑？ 同学们，我们一起帮助王丽丽检查并整理一下柜台吧！

🏵【任务学习】

商品货物经过前一天的销售之后，会出现空缺和不足，新进的商品也需要及时展示、推销。为了保证开业后的工作秩序，做到货物充足，保证销售。上货、补货工作应尽量在营业前完成。

一、商品准备的主要工作

1. 检查补足商品

经过前一天的销售，货架等处所陈列的商品，会出现不丰满、不全或缺档的现象，营业员必须及时进行补货。要求店有柜有，出样齐全。

营业员首先要了解前一天的销售情况，统计缺货的品种、规格、花色等，掌握新进商品情况，根据当天任务要求，并依据往常货柜、货架的容量和往日的销售量，对货架上不足的商品或销售较快的商品及时补充、补足，如出现急缺货或断货，要及时作补货计划，填写提货单并及时提取所需货物。

2. 拆零分装商品

零售企业的特点是面对个体消费者，商品基本上是逐个售卖的。而零售企业批发进货，为了便于运输、搬运和储存，商品包装一般是成箱、成捆、成包进来的。进入销售环节，为了加快售货速度、方便拿取、节省顾客等候时间，营业前，应对大宗包装的商品进行拆分整理。有些需要拆整为零；而有些为了促销，又要搭配重组，重新捆绑，这项工作需要在营业前做好。特别是节假日和旺季销售时，更应注意提前做好充分准备。

3. 上架、摆放商品

营业员要在营业前将续补商品上柜、上架摆放好。一般情况下，依照往日摆放的样子，缺了什么补什么，根据客户的需求和季节、市场情况，缺了多少补多少，将续补商品摆放回"老地方"。但是，本着丰满、整洁、美观、大方及便于订货或选购的原则，对摆放不当者，应做合理的调整。

摆放的商品大体可分为样品、交易商品和暂存待售商品 3 类。

摆放样品的作用是引起顾客注意，引导顾客购买，扩大商品销售。这种商品样品一般来讲主要是重点推销的商品，在摆放时应注意充分展示出商品全貌，突出展示商品的特点，使顾客对其产生美感，对于不同的商品应用不同的展示方法。在一定时期内进行更换，以保持展示效果，同时也使摆放样品保持一定的可售性。

交易商品一般置于柜台、货架可见位置，一方面起到展示、告知、吸引顾客的作用；另一方面应便于顾客选购，本着整洁、齐全、丰满、美观、定位等基本原则。

暂存待售商品，主要是在柜台、货架摆放以外的用于随时销售的商品，其堆码应充分利用场地的面积和设备的容积，科学地分类、摆放在便于拿取、搬运、盘点的地方。

对货架上摆放的商品归类、整理，要做到整齐、丰满、美观大方、不得有空位。检查、整理柜台及货架，不要放无用之物。货架上，各类商品要码放整齐。

4. 标明商品价签

交易商品要明码标价，有利于顾客参观、选购、监督，使顾客一目了然，同时它也可以帮助营业员熟悉各种商品的价格，便于在营业中准确而快捷地计算货款。

明码标价是国家物价管理部门，对除个体商贩以外的所有商业企业的明确要求。商场里的价签，必须使用国家规定的统一价签，由商店的专职或兼职物价员按国家有关物价政策，标明、核算商品价格，填写价签上的各项内容。

营业员在开门前要认真检查：

（1）商品价签是否齐全，有无缺漏。

（2）新商品和调价的商品，要核对摆放的商品与价签所标的内容是否一致。

（3）标签上的字符是否清晰易认。

（4）货号、产地、规格、型号、款式、颜色、价格是否齐全，有无差错。

（5）发现差错或漏项，要通知物价员及时纠正和补充。

（6）将标签摆放在商品上，要保证有货有签，一货一签，货签对位，货价相符。

二、商品质量检查

在整理商品的同时，要认真检查商品质量。如发现破损、弄脏的商品，要及时剔除或处理。这是维护消费者利益，也是维护企业良好形象的重要工作，营业员必须认真做好，不得掉以轻心。

对搬运来的商品，营业员要认真仔细清点核对数量、规格、型号等，本着对消费者负责的精神，对商品质量进行最后把关。

检查商品质量应着重注意以下几个方面：

（1）检查商品的品种、等级、规格是否符合顾客的需要。

（2）检查商品的质量和价格是否相符。

（3）检查商品的使用功能是否状况良好。

（4）检查商品是否有损坏、变质及内在和外在的质量问题。

（5）检查商品零部件、配件是否齐全。

（6）检查是否有不合格的商品和假冒商品混入其中。

（7）检查商品是否以中文标明产品名称、产地、厂址、生产者、生产日期和有效期。

（8）检查是否对有剧毒、易燃、易爆等危险品标明有关标识和使用说明等情况。

三、商品摆放方法

商品摆放的主要方法有下述几种：

1. 系列摆放法

一般按照商品种类、商品规格、商品花色品种的顺序分门别类摆放。

2. 重点摆放法

主要是根据商品销售变化情况，重点推销的商品摆放在突出位置上。

3. 连带摆放法

主要是根据顾客的购买和使用习惯，把有联系的商品摆放在一起。

4. 规范摆放法

主要是为了便于营业员拿取和盘点，按照相对固定的顺序摆放，一般不轻易调换，只做添加和续货，便于管理。

5. 近位摆放法

主要是对于畅销和交易次数多的商品，尽量摆放在距营业员站位较近的地方（距离营业员纵向 30~140CM，横向 180CM 左右的位置上），方便拿取。

❖【知识拓展】

一、商品摆放的技巧

1. 商品的摆放要醒目，以便于消费者进行选购

在进行商品摆放时，要将商品分类归位，顺序摆放，以便消费者在不同的种类、型号、品质、价格之间进行挑选。所摆放的商品要货价对位，商品的包装及商标要摆在消费者易看到的位置。

2. 商品的摆放要保持丰满

有时可以利用视觉误差，造成商品丰盛的感觉，如水果柜台在斜着放置着的水果柜台后，放一面大镜子，会看起来商品琳琅满目。销售后要随时整理、上货。这样既保持商品整齐、美观、丰满、醒目，又有利于直观地看出商品的销售量。

3. 商品的摆放要尽可能将在使用上有连带性的商品摆放在一起

这样，既便于顾客购买，又便于商品保管。如随着消费习惯的变化，罐装啤酒可以与果汁饮料相伴为伍；鞋油、鞋刷、牙膏、牙刷可以摆放得近一些。

4. 商品的摆放要充分显示其美观、质感，讲究艺术性

所摆放的商品要整洁、成行、成列，做到多而不乱，花色搭配齐全、协调、美观。调动、运用商品的色块、线条、图案及其相应的角度和位置，恰当运用灯光、背景和陪

衬物，缓和色调冲突，营造一个主题鲜明、摆设得体、格调适宜和谐的商品摆放环境。这样的商品摆放能给顾客留下赏心悦目的印象，并能够吸引顾客的注意力。

5. 商品的摆放要有节奏感

这里将"节奏"运用于柜台、货架的商品摆放中来，是从理性的角度提示我们在构思、设计和实施商品摆放时要充分注意运用声乐中的抑扬顿挫的原理。商品摆放要疏密得当、错落有致、有张有弛。

二、商品摆放与销售额之间的关系

1. 商品摆放面积大小的变化引起的销售额的变化

对于相同的商品来说，店铺改变顾客能见到的商品摆放面，会使商品的销售额发生变化。

摆放的商品越少，顾客见到商品的可能性就越小，购买概率就低；即使见到了，如果没有形成聚焦点，也不会形成购买冲动。

实践证明：货位由4个货位减少到2个货位，销售额将减少48%；由3个货位减少到1个货位，销售额将减少68%。货位由2个货位增加到4个货位，销售额将增加40%，并且某种商品的摆放面积与其市场占有率成正比。

2. 商品摆放的高低变化引起的销售额的变化

商品摆放的高低不同，会有不同的销售额。根据实践经验证明：在平视及伸手可及的高度，商品售出的概率约为50%；在头上及腰间高度，售出的概率为30%；高或低于视线之外，售出的可能性仅为15%。

3. 摆放时间的变化引起的销售额的变化

摆放时间的变化，也会引起销售额的变化。一项调查结果显示：店铺摆放的促销效果第一天为100%，第二天90%，第三天降为80%，第四天60%，第五天为35%，第六天仅为30%。可见，保持摆放新鲜感很有必要。

【任务分析】

王丽丽在正式营业前，及时检查并整理了柜台：（1）将没有价签的商品补齐价签，做到有货有签，1货1签，货签对位；（2）将柜台内的商品摆放整齐，将没用的杂物清理干净；（3）补足不全的商品型号，查漏补缺，做到整齐、丰满、美观大方、没有空位。

【任务实训】

1. 训练题目：商品准备及检查。

2. 训练内容：以小组为单位，对营业前的商品货柜进行整理。

3. 训练时间：30分钟。

4. 训练要求及设施：提供实训场地（可以选在学校的实训超市），前一天销售用的商品货柜，供使用的商品、价格签等。

5. 评分标准：如表 2-2 所示。

表 2-2   商品准备及检查评价表

评价内容	小组自评		小组互评		教师评价	
1. 货柜中的商品是否补足	是	否	是	否	是	否
2. 补充的商品是否摆放恰当	是	否	是	否	是	否
3. 商品摆放是否规范	是	否	是	否	是	否
4. 商品价签是否一目了然，符合规定	是	否	是	否	是	否
5. 商品质量检查是否认真仔细清点核对数量、规格、型号	是	否	是	否	是	否
成　绩						

任务 3

备齐辅助用具

每个岗位都有不同的销售商品，因而营业员备齐与本岗位商品有关的销售用具，并摆放在适当或指定的位置上，方便自己随时取用，从而提高工作效率，这是营业之前必做的准备工作。

【学习目标】

1. 了解常用销售用具的种类
2. 能够按照岗位所需，选择合适的销售用具

【任务描述】

王丽丽在一家大型购物中心的某名牌女装专柜做销售人员。王丽丽的销售用具是这么准备的：根据以往的销售量，准备了手提袋；按照当天上架新品的数量，准备了衣架；衣服从库房拿出来时会有褶皱，准备了立式熨烫机；因为购物中心是统一收款，准备了计算器、售货小票和圆珠笔；将试衣间门上的试衣镜擦拭干净，并检查了试衣间里的试衣凳、备用鞋及化妆镜；将上架新品的宣传画册摆放在柜台上；整理了办公桌里的小剪刀、针、线等小用具；将台面清理干净、整洁。

动动脑? 同学们，想想看，王丽丽的销售用具准备得充分吗？还有没有需要准备的其他销售用具呢？

【任务学习】

营业员要在营业前将销售用具准备齐全，不要在营业时发现缺东少西，不要因缺少

销售用具而让顾客等候，这样会影响正常的销售工作。

一、准备计价用具

常用的计价用具有电子收银机、电子计算器、算盘等。收银工作人员还应备好验钞机、零钱、收款专用章等，并校验好电子收银机。

1. 电子收银机

商业电子收银机如愿以偿地满足了全世界商店经营者的心愿，它在会计业务上的高准确性、销售统计上的高效率性、商品管理上的高实用性，使得商业经营者投资不大，但却可以迅速、准确、详细地掌握商品流通过程中的全部数据，使得经营者在市场调查、内部管理、决策咨询、雇员部门考评等方面如虎添翼，并大规模地降低经营成本。

2. 电子计算器

电子计算器，这一小小的程序机器实际上是从计算机中割裂出来的衍生品，它是拥有集成电路芯片，能进行数学运算的手持机器。电子计算器因其简单的结构，方便快捷的操作模式，极大地方便了人们对于数字的整合运算。目前，已经被广泛应用于工程、学习、商业等日常生活中，是必备的办公用品之一。

二、准备测试用具

常用的测试用具有万用表、试电笔、钟表测量仪、试笔纸、试鞋椅、试帽镜、试衣镜等。仪器类用具要求准备齐全，并检查校验其灵敏度和精确度。试鞋椅、试帽镜、试衣镜要擦拭干净后放在适当位置。

1. 万用表

万用表又称为复用表、多用表、三用表、繁用表等，如图 2-1 所示，它是电力电子等部门不可缺少的测量仪表，一般以测量电压、电流和电阻为主要目的。万用表按显示方式分为指针万用表和数字万用表，是一种多功能、多量程的测量仪表，一般万用表可测量直流电流、直流电压、交流电流、交流电压、电阻和音频电平等，有的还可以测交流电流、电容量、电感量及半导体的一些参数（如 β）等。

图 2-1　万用表

2. 试电笔

试电笔也叫测电笔，简称"电笔"，如图 2-2 所示，它是一种电工工具，用来测试电线中是否带电。笔体中有一氖泡，测试时如果氖泡发光，说明导线有电，或者为通路的火线。试电笔中的笔尖、笔尾为金属材料制成，笔杆为绝缘材料制成。使用试电笔时，一定要用手触及试电笔尾端的金属部分，否则，因带电体、试电笔、人体与大地没有形成回路，试电笔中的氖泡不会发光，造成误判，认为带电体不带电。

图 2-2　试电笔

3. 钟表测量仪

钟表测量仪主要用于测试钟表用的石英晶体频率的精度及测量各类石英钟表、主机板、PDA、DSC、笔记本电脑时间的准确度。测试钟表的日误差、月误差以及用 PPM 显示的钟表的误差。

三、准备计量用具

常用的计量用具有电子秤、尺、量杯、量筒等度量衡器，准备工作中要擦掉灰尘和污垢，并检查其灵敏度和准确性。

1. 电子秤

电子秤属于衡器的一种，如图 2-3 所示，它是利用胡克定律或力的杠杆平衡原理测定物体质量的工具。电子秤主要由承重系统（如秤盘、秤体）、传力转换系统（如杠杆传力系统、传感器）和示值系统（如刻度盘、电子显示仪表）三部分组成。

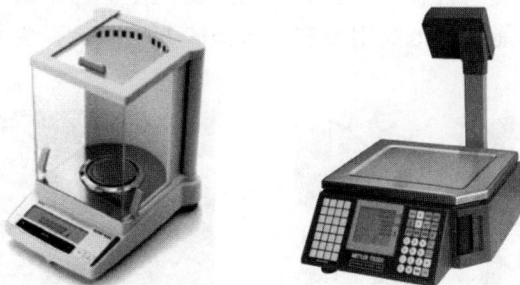

图 2-3　电子秤

2. 量具简介

量具包括量杯、量筒等，如图 2-4 所示，它是用来量取液体的一种仪器。规格以所能量度的最大容量（ml）表示，常用的有 10 ml、25ml、50 ml、100 ml、250 ml、500 ml、1 000 ml 等。商品销售中，常用于散装液体如酱油、食醋、豆油、酒类、香水等商品的测量。

图 2-4　量具

四、准备包扎用具

常用的包扎用具包括捆扎用的各种绳类、包装纸、包装盒、礼盒、手提袋和用于礼品包装的彩纸、彩带、刀、剪、单双面胶带等等。在进行包扎时，要注意大小适宜、安全可靠；同时，还要注意有利于环境保护。

五、准备宣传用具

宣传用具，在此是指与商品相关的广告宣传材料、产品说明书、产品介绍图片、模型等等。在上岗之前，应将其认真备齐，以供赠送或顾客索取。

1. POP 简介

POP 意为"卖点广告"，又名"店头陈设"，如图 2-5 所示。本来是指商业销售中的一种店头促销工具，其不拘泥于形式，但以摆设在店头的展示物为主，如吊牌、海报、小贴纸、纸货架、展示架、纸堆头、大招牌、实物模型、旗帜等等，其主要商业用途是刺激引导消费和活跃卖场气氛。常用的 POP 为短期促销使用，它的形式有户外招牌、展板、橱窗海报、店内台牌、价目表、吊旗甚至是立体卡通模型等等，其表现形式夸张幽默，色彩强烈，能有效地吸引顾客的视点唤起购买欲，它作为一种低价高效的广告方式已被广泛应用。

图 2-5　POP

POP 主要应用于超市卖场及各类零售终端专卖店等，目前各大型超市卖场多印刷成统一模板后，由美工根据要求填写文字内容，以满足琳琅满目的货品柜面不同的使用要求，机动性和时效性都很强。所以一般单纯的手绘 POP 是难以胜任的，必须以模块化方式批量制作。

2. DM 简介

DM 直译为"直接邮寄广告"或"直投杂志广告"，主要是通过邮寄、赠送等形式，将宣传品送到消费者手中、家里或公司所在地。除了用邮寄投递以外，还可以借助于其他媒介，如传真、杂志、电视、电话、电子邮件及直销网络、柜台散发、专人送达、来函索取、随商品包装发出等方式。

六、整理台面

在进行准备时，营业员必不可少地要进行的最后一项工作，是自己将使用的台面清理整洁，并将准备的相关物品码放在具体位置。进行台面清理的基本要求，是整齐、干净、方便工作。

❖【知识拓展】

假币识别技术

假币是不法分子为了牟取暴利制造使用的仿制货币。收银人员在工作过程中会收取大量货币，为了避免在商品交易过程中错收假币，收银人员需熟练掌握假币识别技术。

鉴别人民币的真伪的方法可归纳为：一看、二摸、三听、四测。

（一）看

1. 看固定水印头像

第五套人民币 100 元、50 元均为毛泽东固定水印头像，10 元为玫瑰花，5 元为水仙花，1 元为兰花。假币的特点是水印模糊，无立体感，变形较大，用浅色油墨加印在纸张正、背字面，不需迎光透视就能看到。

2. 看光变油墨面额数字

票面正面左下方有"100"字样，与票面成垂直角度观察为绿色，倾斜一定角度则变为蓝黑色；50 元则可由绿色变为红色。

3. 看红色、蓝色纤维

第五套人民币 1999 版 100 元、50 元、20 元、10 元、5 元票面上可以看到纸张中有红色和蓝色纤维，2005 版则取消此措施。

4. 看安全线

第五套人民币 1999 版 100 元、50 元为磁性微文字安全线；20 元为明暗相间的磁性安全线；10 元、5 元为正面开窗安全线。2005 版第五套人民币为全息开窗安全线，50元、100 元的开窗在背面，20 元、5 元、10 元开窗在正面。

5. 看阴阳互补对印图案

票面正面左下方和背面右下方均有一圆形局部图案，迎光观察，正背面图案重合成一个完整的古钱币图案。

6. 看隐形面额数字

2005 版第五套百元人民币，如图 2-6 所示，正面向右上方有一装饰性图案，将票面置于与眼睛接近平行位置，面对光源做上下倾斜晃动，可以看到面额数字"100"字样。

图 2-6　2005 版第五套百元人民币

（二）摸

依靠手指触摸钞票的感觉来分辨人民币的真伪。人民币是采用特种原料，由专用特制纸张印制，其手感光滑、厚薄均匀，坚挺有韧性，且票面上的行名、盲文、国徽和主景图案一般采用凹版印刷工艺，用手轻轻触摸，有凹凸感，手感与摸普通纸感觉不一样。

（三）听

通过抖动使钞票发出声响，根据声音来判别人民币真伪。人民币是用专用特制纸张印制而成的，具有耐折、不易撕裂等特点，手持钞票用力抖动、手指轻弹或两手一张一弛轻轻对称拉动钞票，均能发出清脆响亮的声音。

（四）测

检测就是借助一些简单工具和专用仪器进行钞票真伪识别的方法。如借助放大镜来观察票面线条的清晰度，胶印、凹印缩微文字等；用紫外灯光照射钞票，观察有色和无色荧光油墨印刷图案，以及纸张中不规则分布的黄、蓝两色荧光纤维；用磁性检测仪检测黑色横号码的磁性。

【任务分析】

王丽丽是位认真而又细心的营业员。根据销售岗位的实际需要，她不仅准备了常用的销售用具，如手提袋、衣架、宣传画册、售货小票、计算器、圆珠笔等，而且为了更好地提供服务，还为顾客特别周到地准备了针线、熨烫机等。

王丽丽的精心准备，能够保证销售工作的顺利进行，提高销售效率，还能够给顾客留下良好的印象，增强顾客品牌忠诚度，提升品牌形象和企业价值。可见，作为营业员，只有树立正确的服务理念，从点滴小事做起，处处为顾客着想，千方百计满足顾客的需要，才能把工作做好。

【任务实训】

1. 训练题目：销售用具准备。
2. 训练内容：模拟特定销售工作岗位，设计销售用具准备方案。
3. 训练时间：30 分钟。
4. 训练要求及设施：提供销售工作用的场地，可供选择的各种销售用具，也可由学生准备适合的销售用具。
5. 评分标准：如表 2-3 所示。

表 2-3　　　　　　　　　　　销售用具准备评价表

评价内容	小组自评		小组互评		教师评价	
1. 销售用具是否符合销售需要	是	否	是	否	是	否
2. 销售用具是否准备齐全	是	否	是	否	是	否
3. 销售用具是否干净	是	否	是	否	是	否
4. 销售用具是否好用	是	否	是	否	是	否
5. 销售用具摆放是否方便取用	是	否	是	否	是	否
6. 销售台面是否整洁	是	否	是	否	是	否
成　绩						

设计布局与陈列商品

　　店面的布局与商品的陈列对顾客的心理有很大的影响，通过对店面及商品别具匠心的设计、组合、排列，会营造出一种温馨、浪漫的气氛，增强商店的吸引力和竞争力，从而促进销售，增加经济效益。因此，营业员应熟练掌握店面的布局与商品的陈列艺术。

❋【案例导入】

货品巧陈列，效果大不同

　　人人都说："买的没有卖的精。"实际也不尽然，卖家的"精"是来源于买家的消费心理和购买欲望。美国沃尔玛超市就曾尝到了这一大甜头，并且吸引了不少商家也纷纷效仿。

　　在美国沃尔玛超市的货架上，尿片和啤酒赫然地摆在一起出售。一个是日用品，一个是食品，两者风马牛不相及，这究竟是什么原因？

　　原来，沃尔玛的工作人员在按周期统计产品的销售信息时发现一个奇怪的现象：每逢周末，连锁超市啤酒和尿片的销量都很大。为了搞清楚这个原因，他们派出工作人员进行调查。通过观察和走访后了解到，在美国有孩子的家庭中，太太经常嘱咐丈夫下班后要为孩子买尿片，而丈夫们在买完尿片以后，又顺手带回了自己爱喝的啤酒，因此啤酒和尿片销量一起增长。搞清原因后，沃尔玛的工作人员打破常规，尝试将啤酒和尿片摆在一起，结果使得啤酒和尿片的销量双双激增，为商家带来了大量的利润。

　　沃尔玛依据顾客的希望，果断地调整摆放货物的思维定式，将尿布与啤酒放在一起，就突现了他们经营的聪明之处。让步履匆匆的男士在不忘太太的嘱托、给孩子买尿布的同时，还不忘顺手买上自己爱喝的啤酒。

　　如今，在寸土寸金的货架陈列竞争中，为了刺激消费者的购买欲望，商场常常采取"按照类别陈列"的方式，便于消费者选择。关联商品的陈列是要结合现代的商业营销手段的，寻找出商品中真正的关联，才能发挥其原有的魅力。

　　每个商品都有其独有的特色，商品的陈列就是要立足于消费者的角度，将商品的特色巧妙地展示出来，达到给消费者留下深刻印象的目的，在满足消费者需求的前提下，提高企业商品的销售业绩。而陈列商品最重要的是，将消费者需求的商品正确无误地摆放在适当的位置，刺激消费者的购买欲望，加速购买决策的形成，并引导消费者作追加性的购买。因此，陈列的精髓在于"商品的正确配置"。

任务 1

设计店面布局

合理的店面布局应该经过详细的调查、准确的分析、精心的策划，让顾客感觉环境舒适、查找便利、购取方便，并能使顾客经过大部分的销售区域，看到更多的商品，从而达到顾客满意、扩大销售的目的。

【学习目标】

1. 理解设计店面布局的原则
2. 能够调整不合理的店面布局

【任务描述】

纵观各地的百货商场，绝大多数都有着相同的楼层布局，即化妆品或金银首饰品摆放在一楼，如图 3-1 所示，男装放在较高楼层或顶楼。这种商品的布局模式似乎成了经营者与消费者之间的一种默契。其实，这种商品布局是经营者经过调查分析，研究得出的商品布局的最优组合。有学者对广州的 7 家大型百货商场做过调查，将化妆品放在一楼的有 7 家商场，将男装放在三楼以上的有 5 家商场，将男装放在二楼的只有 2 家商场。

动动脑？同学们，想想看，为什么经营者要将化妆品放在一楼销售呢？

图 3-1　商场一楼布局

【任务学习】

布局就是规划，店面布局是通过精心设计规划使店面统一、美观。合理的布局可以提高店面的空间的使用率，也可以让顾客舒心地购物，在视觉上给顾客安慰与认可，合理美观的店面布局不仅可以在顾客心中留下深刻的印象，还可以提高店面的营业效率。

一、店面布局的基本原则

1. 方便顾客、便于操作

商店是通过销售活动为消费者服务，实现商品价值的场所。每天把大量的商品源源不断地送到消费者手中，是商店经营活动的特点。店面的布局，应从方便消费者购物出发，结合企业自身特点，把"顾客就是上帝"的口号落在实处。要为顾客创造舒畅、愉快的购物环境；同时，为企业员工创造一个有利于身心健康、减轻劳动强度的劳动环境。

2. 研究消费心理、注意客流方向

消费者购买活动的消费心理全过程一般可分为认识过程、情感过程、意志过程和选择过程。消费者在完成消费的全过程中，对商店的类比，对商品的选择，对商品的造型、规格、色彩、商标、包装、价格等方面的追求，则更加强烈。因此，商店在消费者千变万化的购买行为中，要掌握顾客的心理特征和心理要求，提高对消费心理的适应度。店内布置或商品分布，既要照顾到老顾客愿意光顾，又要对首次进店的消费者形成吸引力。商品分布不仅能对冲动型的顾客产生良好的影响，而且还要促成情感型的顾客实现购买行为。根据顾客心理变化，商店布局要注意客流方向和顾客行进方向，从浅入深、由近及远沿顺时针方向，进行商店整体布局。

3. 立足现代管理、掌握消费信息

随着社会经济的发展和人们生活水平的提高，商店设施的现代化、商店规模的大型化、商业集团的聚集化，已越来越被世人所关注。因此商业布局要有超前意识，立足于现代化科学管理手段的运用。在商店新建、改建或扩建中，诸如空调、音响、报警、电梯、电脑、条形码等新设施和新设备，应提高使用率。商店设施和设备的现代化标准的确定，取决于商店对消费信息的了解和掌握，它包括对消费者心理的分析、商品更新换代的速度、商业同行之间的竞争局面以及商业政策的变化趋势。

4. 美化商店外观、协调店内布局

商店的外观是对消费者感观印象的第一客观物体，其外观造型不同，会引起顾客对经营者的不同情绪感受，并由此激发起购买心理的变化。商店外观造型协调美，是建筑物的内在美和外在美的统一，是自然美和人工美的协调一致产生的美的形式。未来的商店应成为愉快的购物空间、获得知识的空间和健全娱乐的空间。因此，商店外观造型，应表现在环境优美、心情舒畅、购物便利的协调美感上。在方便消费者购物行为的前提下，协调店内柜台、通道、货架、壁面、灯光、音响、监控等设备，实现科学化布局，达到理想的布局效果。

二、不同业态的店面布局

(一) 商场布局

大型商场购物的顾客来源较广，流动性比例大，购物目的比较明确，主要是金银首饰、服装、电器、化妆品等。商场在店面的装修及店堂内的布置、设备设施、灯光照明等方面讲究豪华、气派，商品结构、品类、档次、价格及选购的方式等方面与其他零售企业都不尽相同，现代化的大型商场都努力为顾客营造一种高雅舒适的购物环境，有的商场更是配套了休闲、娱乐、餐饮等综合性一站式服务设施。

1. 商品摆放的位置科学合理，要充分考虑商品的利润和人们的购买规律

百货商场 1 至 3 层的黄金区块，让给了诱导性商品、季节性商品、时尚类商品 (诸如化妆品、淑女装、名表等)，通过精心的展示和宣传吸引消费者购买。商场各层营业布局的规划一般应遵循以下原则：一楼营业厅应保证客流的畅通，适宜布置购买时选择商品时间较短的轻便商品；二、三楼气氛要稳重，适宜销售选择商品时间较长、价格较高而出售量最大的商品；四、五楼营业厅可分别布置多种专业性柜台；六楼及大楼以上营业厅则可以销售需要大面积存放的商品；地下经营面积一般用来开办超市。

2. 人行通道的设计宽度适中、光线适度，要尽可能方便顾客查找、挑选

营业厅内顾客通道的宽度是根据商场的经营定位、商品的种类和性质、顾客人流和数量来确定的。一般商店的主通道宽度为 1～4.5M，副通道的宽度在 0.6～2.1M 之间。主通道宽阔、明亮，令人感觉很自由轻松、无压抑感，可以尽情地挑选购物，不会造成顾客的拥挤混乱而产生购物的不适感，或由于通道过于宽敞给人以冷清的感觉。用灯光照明，可按照设计者的意图使用光线，设计出一种柔和、舒适的购物环境，使顾客在购物过程中精神饱满、心情愉悦。采用基础照明，能达到一定的方向指引作用。灯光的布置不应平均使用，可采用定向照明、集束照明、彩色照明等方法，把灯光重点集中射向各种商品，这样既可以使商品更加鲜明夺目，又可以引导顾客观赏和选购，激发顾客的购买欲望。商场的灯光不宜过亮或过暗，灯光过亮会使人感到紧张、刺眼；灯光过暗，会使人感到沉闷、压抑。

3. 休息场所的设置舒适整洁，要使疲劳的顾客得以小憩

商场的规模越大，顾客停留的时间就越长。设置休息厅，体现出商场对顾客的关心与礼貌，使顾客感到亲切与温馨。休息厅中备有桌椅，可以出售饮料、食品，提供诸如代存已购商品等项服务。还可以陈列宣传商场历史、荣誉、服务宗旨等资料，增强顾客对企业的好感。顾客可以在这里稍事休息，整理购买的物品，解除疲劳，有的顾客会因此而增加在商场的逗留时间，这对商场经营是有利的。集游乐和购物于一体，是现代化商场的一个重要特点。购物不再是一种辛苦的劳动，而将成为一种惬意的享受。

4. 收银的位置醒目易行，不能造成拥堵，对附近的商品销售也不能造成不良影响

收款台应设在所售商品货位的西侧，其色彩和形式与周围柜台既要有明显区别，又要和谐统一，位置可略高于货位，以便于顾客找到。收款台数量要适当，并采用先进设施和收款方式，以减少顾客等候时间，给顾客提供方便。

（二）超市布局

1. 根据商品性质进行布局

商品根据其性质、特点的不同可以分成三大类：方便商品、选购商品、特殊商品。特点如表 3-1 所示。

表 3-1　　　　　　　　　　　　三大类商品的基本特点

类别	购买频率	价位	购买习惯	外部作用时间	地位
方便商品	高	低	冲动	短	缺之不可
选购商品	较低	较高	计划	较长	重要
特殊商品	非常低	非常高	考虑再三	先品质后价格	重要、量小

（1）方便商品——放在最明显、最易速购的位置，如卖场前端、入口处、收银台旁等，便于顾客购买以达到促销目的。

（2）选购商品——相对集中摆放在商店宽敞或通道宽度较大、光线较强的地方，以便消费者在从容的观察中产生购买欲望。

（3）特殊商品——可以放置在店内最远的、环境比较幽雅、客流量较少的地方，设立专门出售点，以显示商品的高雅、名贵和特殊，满足消费者的心理需要，如名酒、家电等。

2. 按照顾客习惯进行布局

一般来说，顾客进门的走动有以下习惯：

（1）不愿走回头路，不愿走到店内的角落里，不愿到光线幽暗的地方，喜欢曲折弯路，有出口马上要出去。

（2）大多数人习惯用右手拿取右边的东西，但到达一个新的区域首先往左边看，因此，一般都在消费者的左边陈列促销产品，将利润高的商品陈列在右边。

（3）消费者有先向两边走动的习惯，因此两边的商品陈放要特别讲究。

（4）消费者流动方向多半是逆时针方向，因此，一些购买频率较高的商品可以摆布在逆时针方向的入口处，而一些挑选性强的商品则可以摆放在离此较远处。

（5）商店中商品的位置应按消费者的购买商品的正常心理趋向做出规划。这样既能方便顾客购买，又可以刺激顾客的消费冲动，引导有利于商家的消费心理。

3. 按商品获利大小进行布局

在进行商品布局时，事先对商品的盈利程度进行了分析，然后将获利较高的商品摆放在商店最好的位置上，以促其销售，而将获利较低的商品摆放在较次的位置。

不过，也有例外。为了扶持或加强不太赚钱的部门商品，商店也会考虑将这些商品放置于最好的地点；还有一些商店将新产品放置在最佳位置，以便引起顾客的注意；还有些商店为让顾客形成良好的第一印象而将外表美观的商品放置到入口处。

4. 配合其他促销策略进行布局

超市通常将最吸引人的特价商品放置在入口处特设的第一组陈列架上。其余的特价货则分散陈列在店内各处，务求使顾客走完商场一周，才能全部看到推出的商品。同时可根据市场情况和季节变化、经营规模和经营方向的变动等主客观条件，适当加以调整。

（三）便利店商品布局的原则

合理的商店空间配置、独到的商品货位布局可以创造舒适的购物环境，能够诱导顾客增加购买数量，提高顾客对于商店的认同感。便利店与其他零售业态比较，表现出自己独特的布局特点：

1. 便利店为了便于固定顾客购物方便，应保证商品的大类的摆放上尽量不变。

2. 门店的特价商品堆头展示应醒目，堆头不宜过大、过杂，以免影响堆头效果，降低门店的单位销售额。

3. 店铺的走道设置在 80~90CM，便于顾客行走，又不浪费货架空间。

4. 货架的高度应当照顾到众多的家庭妇女的需要，中心货架不应高于 165CM，最好不要超过 6 层。

5. 一般便利店由于店面小，顾客购物速度较快，所以可以不强求顾客存包，以便于节省顾客的购物时间。

6. 根据门店的高峰期合理安排商品的布局，可将客流量大的商品部与客流量小的商品部，组合起来相邻摆放，借以缓解客流量过于集中的压力，并可诱发顾客对后者的连带浏览，增加购买的机会。

7. 注意对端头货架的利用，因为这是门店的黄金点，顾客在这些地方的驻足时间最长，应摆设一些高毛利的畅销商品。

8. 针对消费群体易接受新事物、消费力强劲和追求时尚的特点，因此在商品的选择上要注重创新与更新，结合时尚主旋律。

9. 选择货位还应考虑是否方便搬运卸货，如体积笨重、销售量大、续货频繁的商品应尽量设置在储存场所附近。

【知识拓展】

"磁石"卖场点理论

所谓磁石就是指卖场中最吸引顾客注意力的商品。运用"磁石"卖场点理论就是在对商品进行布局时，在各个吸引顾客注意力的地方陈列合适的商品来诱导顾客逛完整个卖场，如表 3-2 所示。

表 3-2　　零售商场"磁石"商品类型

"磁石"类型	陈列位置	商品类型
第一"磁石"	主通道两侧	①销售量大的商品 ②购买频率高的商品 ③主力商品
第二"磁石"	主通道末端	①最新的商品 ②具有季节感的商品 ③明亮华丽的商品 ④观感强的商品

续表

"磁石"类型	陈列位置	商品类型
第三"磁石"	货架端头	①特价品 ②高利润商品 ③季节性商品 ④购买频率高的商品 ⑤促销商品 ⑥货架端头商品
第四"磁石"	副通道的两侧	①热门商品 ②特卖大量陈列品 ③广告宣传商品 ④廉价品 ⑤单项商品
第五"磁石"	收银区前面的中间卖场	①节假日大型展销品 ②特卖非固定商品 ③堆头商品

❖【任务分析】

女性消费者容易发生冲动性购买，所以将化妆品放在一楼显眼的位置，可以最大限度地刺激消费者的购买欲望，有效地提高商品的销售量，这就是商品布局的巧妙运用。

❖【任务实训】

1. 训练题目：商品布局设计。

2. 训练内容：设计商品布局方案，根据商品布局的原则和方法进行布局。

3. 训练时间：30 分钟。

4. 训练要求及设施：提供布局用的场地，货架、各种商品（各种款式男女鞋）、鞋架、装饰物、收银台等设备。

5. 评分标准：如表 3-3 所示。

表 3-3 商品布局质量结果评价表

评价内容	小组自评		小组互评		教师评价	
商品摆放位置是否科学合理	是	否	是	否	是	否
通道设计宽度是否适中	是	否	是	否	是	否
顾客查找是否方便	是	否	是	否	是	否
休息场所设置是否得当	是	否	是	否	是	否
收银位置是否醒目易行	是	否	是	否	是	否
成　绩						

任务 2

陈列鞋类商品

陈列是吸引顾客在柜台前驻留的重要因素之一，也是营业员开展销售工作最基本的条件。一个精彩的、整洁的柜台陈列能够制造出一种强烈的震撼力；而一个平庸的、杂乱无章的陈列则会使顾客对柜台感到索然无趣，甚至会赶跑他们。

以观感良好的陈列来留住顾客的心，这是柜台销售的第一步工作。虽然很多企业都有自己的设计人员去进行店铺和专柜的陈列设计，但作为柜台的核心人物，营业员掌握相关的陈列知识也是非常必要的。

【学习目标】

1. 能够按照鞋类的陈列一般准则进行陈列
2. 灵活运用陈列方法的组合进行鞋类陈列
3. 能够进行鲜明的主题陈列设计

【任务描述】

王东是一名中职学校的应届毕业生，他的第一份工作是在当地的一家大型现代购物中心做某名牌皮鞋专柜的销售人员。近期，王东接到上级的通知，要对今年夏季的新品凉鞋进行展台陈列，小王的展台陈列如图 3-2 所示。今天，上级领导来检查，对新品凉鞋的展台陈列不满意，要求小王重新陈列。

图 3-2 不令人满意的展台陈列

动动脑？ 同学们，想想看，为什么领导不满意王东的商品陈列呢？请你来帮助王东重新设计一下吧！

❖【任务学习】

　　出色的商品陈列如同无声的语言，它通过集中完全地展示商品的特点，提升商品的价值感，提升顾客的进店率，提升店铺的档次及形象来实现与顾客的沟通，以此向顾客传达产品的信息、服务理念和品牌文化，达到促进商品销售以及树立品牌形象的目的。

一、鞋类商品陈列的一般准则

　　鞋品陈列的优劣决定着顾客对店铺的第一印象，使卖场整体看上去整齐、美观，这是卖场陈列的基本要求。同时，陈列还要富于变化，不同陈列方式相互对照效果的好与坏，在一定程度上左右着商品的销售数量。

　　鞋品陈列的一般准则有：

　　1. 鞋面无灰尘，保持出样鞋款外观完好，去除鞋内纸团和胶纸，保证鞋内、鞋底干净、整洁。检查皮质、饰品，确保出样鞋款无质量问题。

　　2. 满帮鞋、靴类产品，需要适当地填充，使鞋身饱满挺括，填充物不可外露，如图 3-3 所示。

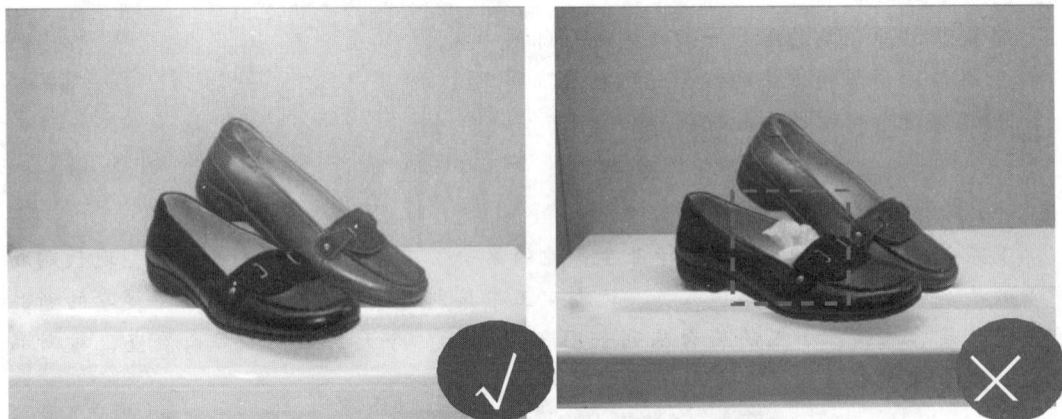

图 3-3　鞋品陈列（正确的和错误的）

　　缚有鞋带的鞋，将鞋带整齐穿插好，鞋带尾端置于鞋内。有标识吊牌的鞋，将标牌整理在鞋内，标牌不可外露，不可撕去，如图 3-4 所示。

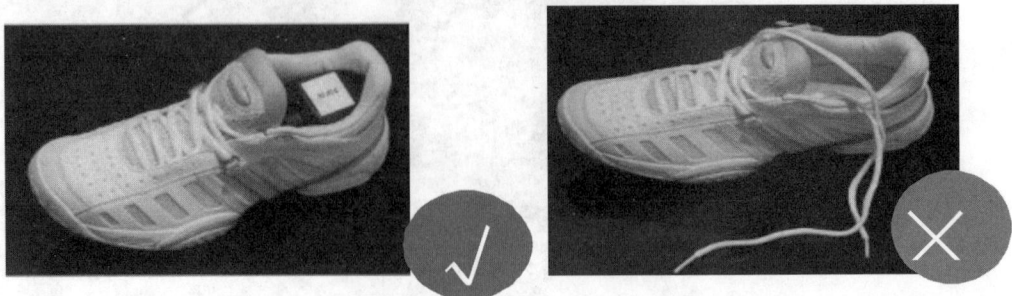

图 3-4　鞋带陈列（正确的和错误的）

　　3. 全场鞋类货品出样鞋款必须一致，即：根据商场要求，统一陈列样鞋左脚或右脚,切勿左右混放,造成视觉混乱,如图3-5所示。

图 3-5　鞋款正确的出样

4. 以行业习惯,在尺码齐全的情况下,女鞋出样为 36/37 码,男鞋出样为 40/41 码,有助于商品美感表达;如果尺码不全,坚持较小尺码出样原则。

5. 尽量定量定位陈列,做到随售随补,保持陈列的形状,时刻维护货架的整齐;以便于营业员拿放、盘点和商场的管理,方便顾客选购。

6. 单组展架应陈列同一类型、同一风格或同一元素的鞋子;男鞋、女鞋不可混放于同一主货架或展示架上。

7. 成组摆放出样鞋款时,两只鞋子间距应留一只手指位(1.5CM),鞋头与展架的边距应留一只手指位(1.5CM),并且鞋头相互对齐。组与组的间距则要根据展架的具体长度和摆放的组数适当选择,如图3-6、图3-7所示。

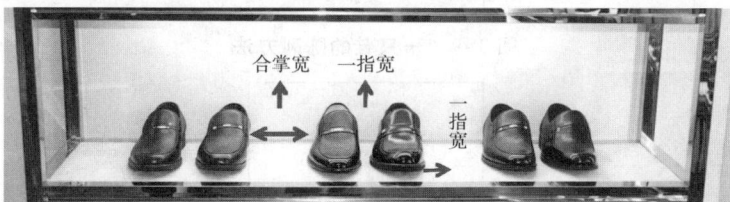

图 3-6　鞋品陈列间距 1

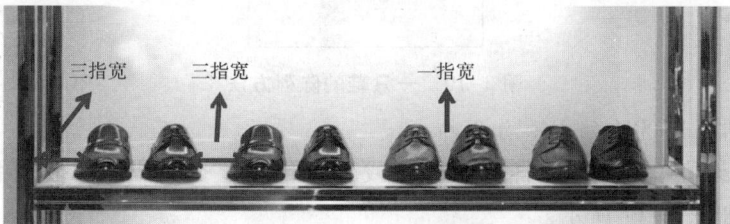

图 3-7　鞋品陈列间距 2

8. 每一货架上的出样鞋款,一般按价格由高至低的顺序,从上至下陈列(第一层除外)。

9. 货品与装饰品同时摆放时,一定要突出货品,避免装饰物过多、喧宾夺主。

10. 所有款式必须出样,保证库有柜有(公司通知暂不售卖的款号除外)。

二、鞋类商品陈列的方法与技巧

服装鞋帽寄托了人们对美的追求,优雅舒适的购物环境可以唤起顾客的购物欲,得体的店面设计会吸引源源不断的顾客，而恰如其分的陈列则会极大地调动顾客的情绪。

（一）常用的陈列方法

1. 一只鞋常用的陈列方法有三种：

一是水平用的鞋架垫高摆放，如图3-8所示；二是鞋头向下摆放，如图3-9所示；三是鞋头向上摆放，如图3-10所示。

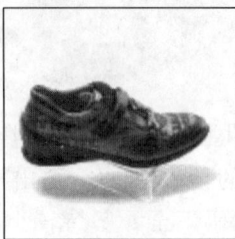

图3-8　一只鞋的陈列方法1

图3-9　一只鞋的陈列方法2

图3-10　一只鞋的陈列方法3

2. 二只鞋常用的陈列方法有两种：

一是用鞋架将单只或两只样鞋的鞋跟或鞋头垫高，交叉成八字状（需突出商品的设计特色），如图3-11所示。

图3-11　两只鞋八字状陈列

二是两只鞋前后、左右平行成一对，针对商品的特色使用鞋架垫高鞋跟、鞋头或内侧的样鞋，如图3-12所示。

图3-12 两只鞋平行陈列

3. 三只鞋常用的陈列方法有三种：

一是三只鞋鞋跟或鞋头并拢，以扇形展开，如图3-13所示。

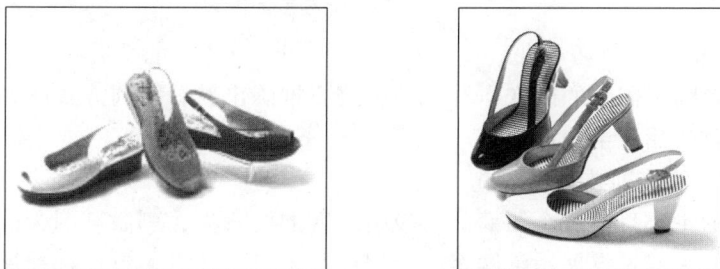

图3-13 三只鞋扇形陈列

二是将鞋款摆放成三角形，中间为最高点，两侧为最低点，如图3-14所示。

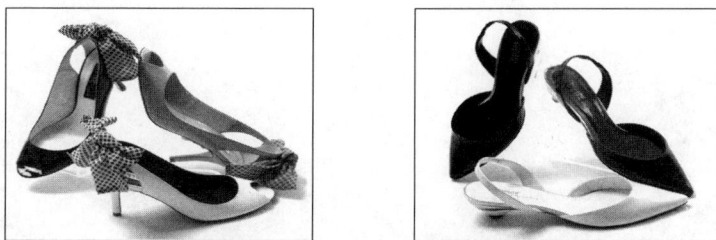

图3-14 三只鞋三角形陈列

三是摆放成"L"形，一侧鞋款为最高点，另一侧为最低点，如图3-15所示。

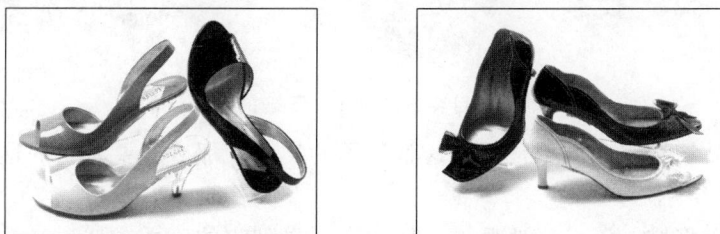

图3-15 三只鞋"L"形陈列

4. 出样鞋款在五种以上时，主要采用以下的陈列位置，如图3-16所示。

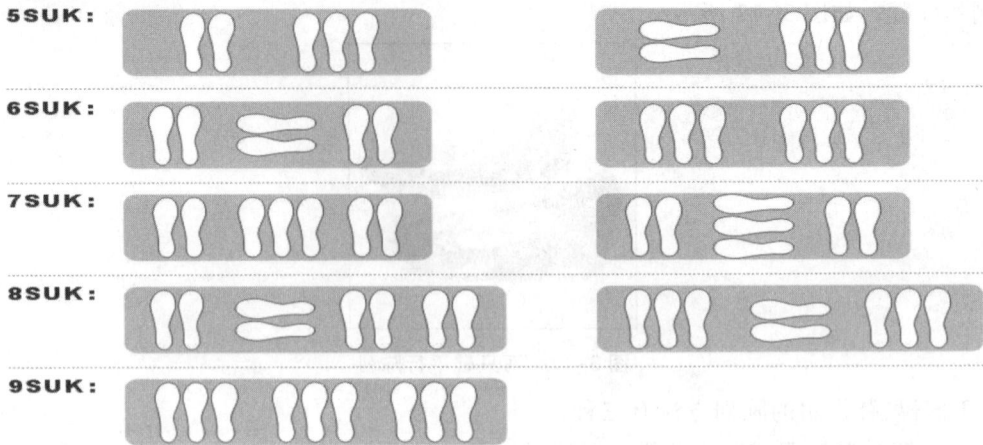

图 3-16　五种以上鞋款的陈列

（二）常用的陈列技巧

随着消费者购买需求的改变，鞋子的款式要推陈出新，陈列方式应方便顾客浏览或拿取，突出特色产品或主营产品。

1. 醒目突出的陈列技巧

陈列商品的主要目的是介绍商品，吸引顾客的注意力，刺激其购买欲望，所以要将各种系列商品的最佳卖点展示给顾客。根据商品本身的特点，灵活选择展示的部位和展示的位置。一般情况下，是将鞋的外侧及正面作为展示面。

例如，鞋品的亮点多在鞋的外侧或正面，应将商品最美的一面展示给消费者，如图3-17 所示。

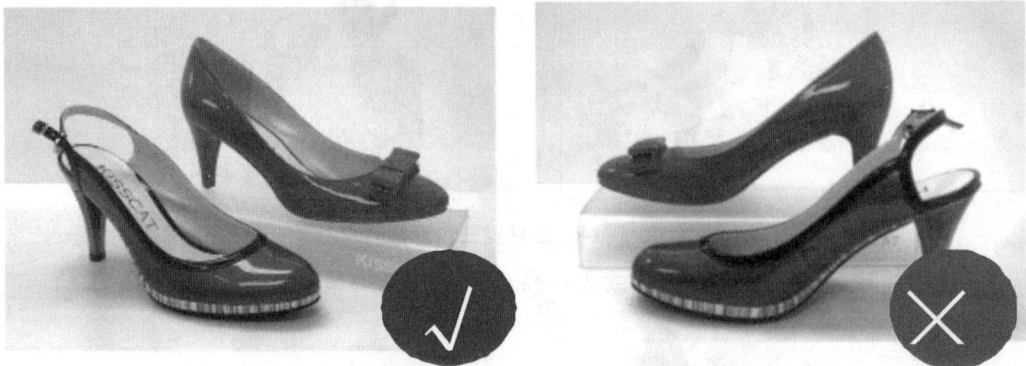

图 3-17　醒目突出陈列 1（正确的和错误的）

又如，鞋品的鞋跟和鞋腰是下面这款鞋子的卖点，那么就要将它的这一特点展示出来，如图 3-18 所示。

再如，可以将鞋一正一反地摆放，使顾客既看到它的正面式样，又看到它的底面用料，如图 3-19 所示。

2. 丰富充实的陈列技巧

在商品陈列中，数量多而大的东西会不自觉地吸引顾客的注意力，而数量少而小的

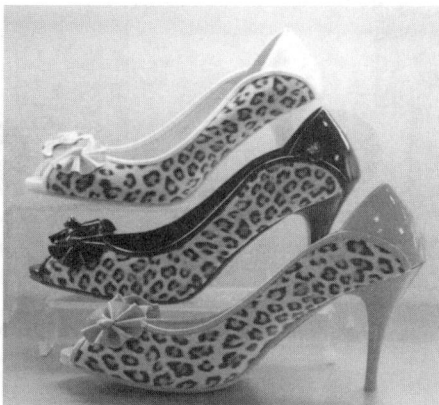

图 3-18 醒目突出陈列 2

图 3-19 一正一反陈列

东西，一般不会引人注目。商品可按照系列、颜色、规格的优先顺序展示，要想充分展示货品的数量，刺激顾客的视觉，有时就可以利用视觉误差，以使顾客在心理上产生货品丰盛的感觉，使商品看起来琳琅满目，如图 3-20 所示。

图 3-20 丰满的陈列

春夏季商品的陈列应尽量按鞋跟的高低自上而下地陈列，每一层货架鞋跟高度应保持一致。越往下层出样的鞋品应尽可能向层板外边缘靠齐，如图 3-21 所示。

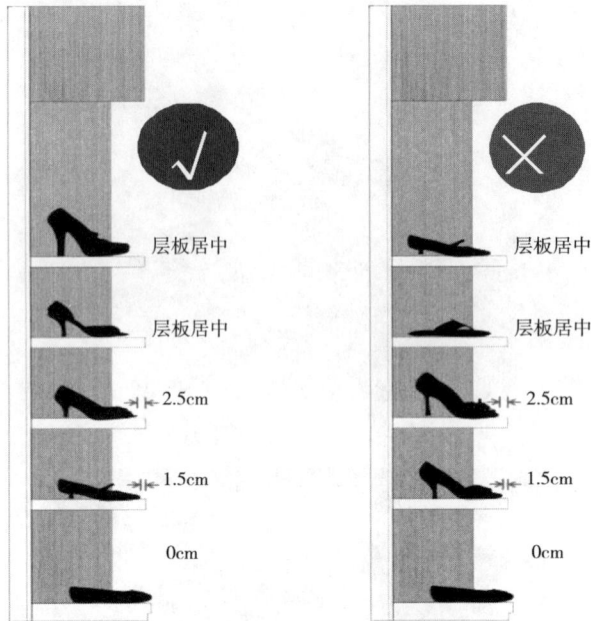

图 3-21　按鞋跟高低陈列（正确的和错误的）

　　另外，定期调整货品摆位，也可以令顾客增加新鲜感，一般为 1~2 星期一次。定期更换左、右鞋板，防止因灯光长时间照射产生色差或皮纹，以避免残次商品的出现。

　　3. 艺术美感的陈列技巧

　　商品的陈列摆放应遵循一定的审美原则。根据不同的商品采用不同的陈列方法，充分展示商品的美感、质感，力求把营业场所布置得层次分明、重点突出、色彩协调、琳琅满目。如颜色的搭配要和谐，空间分割要有层次感，货架的高度应符合人体动作习惯等。同时，根据鞋子的设计风格选用相符合的物件，辅助陈列出商品的特色，从而烘托出设计师的意念，如图 3-22 所示。

图 3-22　特色陈列

　　同系列商品应尽量陈列在同一单元区位，同一元素（同一故事主题）商品应尽量陈列在同一层板。各个品种可按款式分组，按一定的顺序井井有条地进行排列，体现商品的层次感，切忌杂乱无章。例如，围绕某一既定主题进行的陈列，如新品推荐主题、节日特惠主题、产品促销主题等，如图 3-23 所示。

图 3-23 主题陈列

同款商品颜色应由明入暗、由浅入深地摆放。有序的色彩使整个卖场主题鲜明，展现出强烈的冲击力，易于消费者识别与挑选。同一色系的鞋子搭配放在一起会给人很舒服的感觉，对比色的鞋子搭配在一起，要注意冷暖色的穿插，冷暖搭配要有节奏感。例如春夏季陈列冷色系产品，秋冬季陈列暖色系产品；再比如，用冷色来烘托暖色，暗色与亮色结合，能突出亮点产品。

同一系列鞋款应集中摆放，颜色要按由浅至深的顺序，两侧由外向内摆放，正面由左至右摆放。每一层板上的鞋款，要按"中空→浅口→深口"的顺序，两侧由外向内摆放，正面由左至右摆放。每一货架上的鞋款，要按高跟至低跟的顺序逐层由上而下摆放。每一层板上的靴款，要按从矮靴帮至高靴帮的顺序，两侧由外向内摆放，正面由左至右摆放，如图 3-24 所示。

图 3-24 从矮靴帮至高靴帮的顺序陈列（正确的和错误的）

靴类商品宜陈列在货架较高位置，尤其是长靴款；靴类的展示应按靴筒的长度从货架的最上层开始往下层陈列；靴款置于货架下层位置，商品的优势被遮挡，只能看到靴口内的填塞物，这是靴款陈列的大忌；将靴款置于货架上层位置，方能展示商品的亮点，如图 3-25 所示。

4. 真实客观的陈列技巧

文字是商品陈列中重要的组成部分，商品的商标、名牌、品名、规格、产地、价格

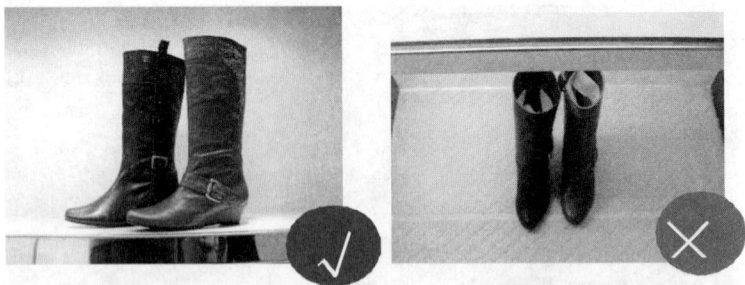

图 3-25 长靴的陈列（正确的和错误的）

及用途等用文字真实表达，并做到文字的宣传与陈列的商品协调统一。陈列中的文字必须言简意赅，对陈列具有画龙点睛的作用，文字活泼风趣，对来往顾客有引人注意、诱人问津的功能。字体要端庄、大方、美观，针对不同商品要用不同的字体，文字配合必须以商品为主。例如陈列儿童鞋子时，要适合儿童天真活泼的心理特点，采用合适的字体，使陈列产生更加活泼、诱人的效果。

【知识拓展】

一、商品陈列与人体工程学的神奇关系

鞋子的摆放，应以为消费者的观察、触摸、选购提供最大便利为基准，使顾客的感官不受任何阻拦，以激发其购买动机。

如何确定摆放高度呢？一般情况下，消费者走进商店，经常会无意识地环视陈列的鞋子。通常，无意识的展望高度是仰视 0.5~0.8M。平视的鞋子最容易让人清晰感知，在 1M 的距离内，视觉范围平均宽度为 1.6M；在 2M 的距离内，视觉范围达 3.3M；在 5M 的距离内，视觉范围达 8.2M；到 8M 的距离内，视觉范围就扩大到 16.4M。因此，鞋子摆放高度要根据消费者的视线、视角来考虑，摆放高度应以 0.3~1.9M 为宜，如图 3-26 所示。

第一隔层：为 1.52M 的高度，属易看不易拿的位置，因此我们把它作为氛围空间进行陈列。如将包与鞋（男鞋以浅色或非黑色、女鞋以亮丽的时尚高跟鞋为主）搭配进行组合陈列，可采用阶梯形鞋架与高脚架进行支撑陈列。

第二隔层：为 1.05M 的高度，是易看、易选、易拿的最佳位置，建议摆放当季主推或畅销鞋款作为重点陈列。鞋子（女鞋以中、坡跟鞋为主）摆放应错落有序，可适当放置鞋架突出展示，如"L"形鞋架或阶梯形鞋架。

第三隔层：第三隔层仅次于第二隔层，同样属易看、易选、易拿的较好位置，同样建议摆放主推产品，鞋子（女鞋以平跟鞋为主）组合平放在货架即可。

第四隔层：第四隔层是只有弯腰才能看到、拿到的位置，建议摆放普通款、次新款。鞋子（女鞋以平跟鞋）一律平放组合。

二、商品陈列与色彩的神奇关系

当我们看到色彩时心理会产生感觉，这种感觉一般难以用言语形容，我们称之为印

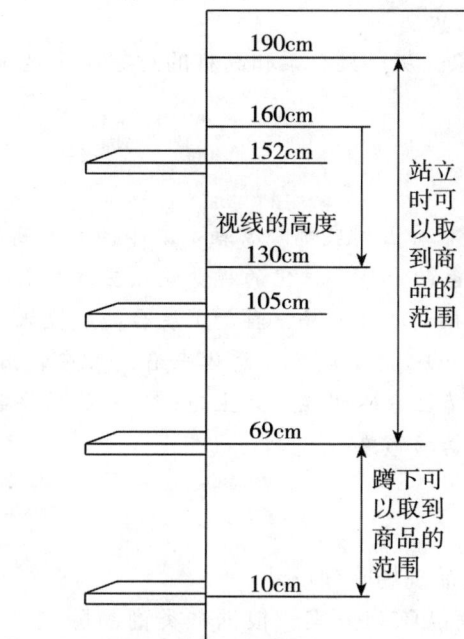

图 3-26 货架

象，也就是色彩意象。

（1）红色的色彩意象：一般用来传达活力、积极、热诚、温暖、前进等企业形象与企业精神。在鞋业品牌陈列中红色陈列使用的几率很高，尤其是在节日陈列和专题陈列当中使用最多。

（2）橙色的色彩意象：一般会用于店铺的内部装修与灯光上。一般用来传达明亮活泼有动感的特性。

（3）黄色的色彩意象：轻松活泼，在运动休闲鞋样中陈列使用较广，其意象容易使消费者往往产生购买的冲动，在灯光使用上也是最能体现鞋样品质的一种色彩。

（4）绿色的色彩意象：绿色含有纯正、清爽、理想、希望、生长的意思，一般用于鞋店的道具上，能对陈列起到非常关键的衬托作用；店铺的环境也是主要靠绿色来改善与体现的。

（5）蓝色的色彩意象：由于蓝色沉稳的特性，具有理智、准确的意象，在商业设计陈列中强调科技效率的商品或企业形象大多选用蓝色，另外蓝色也代表忧郁。

（6）紫色的色彩意象：具有强烈的女性化性格，在陈列色中，紫色受到相当限制。

（7）褐色的色彩意象：通常用来表现原始材料的质感，如麻、木材、竹片、软木等，或用来表达某些商品原料的色泽，或强调格调古雅的企业形象或品牌形象。

（8）白色的色彩意象：在陈列中，白色具有高级科技的意象，通常需和其他颜色搭配，白色给人以寒冷严峻的感觉，所以在使用白色时，通常会掺一些其他的色彩如牙白、米白、乳白、苹果白。

（9）黑色的色彩意象：在陈列中黑色具有高贵、稳重、科技的意象。黑色的庄严的色彩意象也常用在一些特殊场合的室间设计，鞋样产品大多用黑色来塑造高贵的形象，黑色是永远的流行色。

（10）灰色的色彩意象：灰色具有柔和高雅的意象，而且属于中间性格，男女皆能接受，也是流行的颜色。

【任务分析】

从图3-2中，我们很难看出到底哪款凉鞋是本季的主打商品。因为在凉鞋展台上，最显眼的不是凉鞋而是红色的POP。这里的视觉焦点应该是3个椭圆形的展台，可是作为主角的凉鞋色彩单调，摆放凌乱无序，再加上展台高度较低，很难给顾客留下深刻印象，反而旁边的两块红色POP抢了风头。总体来看，王东的出样鞋款，陈列无系列区分，货品凌乱无美感，季节区分不明显，无主题，这种陈列导致卖场货品不丰富，没有有效提升产品的价值感及卖场形象。

【任务实训】

1. 训练题目：知名鞋品现场陈列设计。

2. 训练内容：设计商品陈列方案，根据鞋类商品陈列的准则和方法、技巧进行陈列。

3. 训练时间：30分钟。

4. 训练要求及设施：提供陈列用的场地，货架、各种商品（各种款式男女皮鞋）、装饰物等设备。

5. 评分标准：如表3-4所示。

表3-4　　　　　　　　　　　　商品陈列质量结果评价表

评价内容	小组自评		小组互评		教师评价	
1. 陈列位置是否位于热卖点，即柜台的醒目位置	是	否	是	否	是	否
2. 陈列的商品是否干净整洁，不带有尘土、污渍	是	否	是	否	是	否
3. 陈列商品旁是否有清楚、简单的标识销售信息的物品，比如价格牌、说明书等	是	否	是	否	是	否
4. 产品是否能让顾客快速看到所需商品，便于拿取	是	否	是	否	是	否
5. 色彩搭配是否柔和、协调，让人眼前一亮	是	否	是	否	是	否
6. 是否经常更新陈列形式，使陈列具有新鲜感和魅力	是	否	是	否	是	否
7. 样品陈列设计是否有鲜明的主题，能强化商品的特色	是	否	是	否	是	否
8. 陈列是否稳固	是	否	是	否	是	否
9. 是否便于补货	是	否	是	否	是	否
10. 商品陈列是否丰富充实	是	否	是	否	是	否
11. 是否妥善运用了陈列辅助器材	是	否	是	否	是	否
成　绩						

任务 3

陈列服装类商品

近年来，我国人民生活水平逐步提高，现代消费者购买服装，并非仅仅为了购买服装的实用功能和效用，也并非只是为了取得服装的所有权，而是更希望通过购买服装获得一系列心理满足和愉悦感。独特的服装设计可以满足这种情感需求，卖场服装的陈列设计也可以同样激发人们的这种情感。

整洁、规范、合理、和谐、具有时尚风格的服装陈列可以展示品牌形象、展现品牌的风格定位、吸引客流、提高销售额。

【学习目标】

1. 学会用简单的陈列方式进行陈列
2. 灵活运用陈列方式组合
3. 能够进行卖场整体陈列，提升服装品牌形象

【任务描述】

浙江有一家女装专卖店，原来月销售额 7 000 元，后来在专业策划师的指导下，进行了合理的卖场陈列布置，一个月后，销售额直线上升，达到 20 000 元。这可算是通过适当的店面陈列提高销售额的典型例子。一般说来，通过精致的店面陈列和布局后，可以使月销售额提高 10% ~ 40%。由此可见，店面陈列在服装营销中所占据的重要地位。

动动脑？同学们，请看一看，图 3-27 就是这家店未进行专业陈列布置前的一个展台，你看出问题了吗？你能帮着改一改吗？

图 3-27　错误的展台陈列

【任务学习】

服装陈列是以服装为主题，利用不同服装的款式、颜色、面料、特性等，通过综合运用艺术手法展示出来，突出货品的特色及卖点以吸引顾客的注意，提高和加强顾客对

商品的进一步了解、记忆和信赖的程度，从而最大限度地引起购买欲望。

一、服装陈列的基本准则

1. 卖场保持整洁，场地干净、清洁，服装货架无灰尘、无货物堆放、挂装平整、灯光明亮。

2. 陈列服装要熨烫整齐，并保持清洁。

3. 陈列服装要清除别针、夹子和线头，纽扣、拉链或腰带应全部就位。

4. 所有服装吊牌不能露在外面。

5. 卖场不能有空置货架。

6. 服装必须按系列集中摆放。

7. 新货及主推款选择摆放在最醒目的位置。

8. 卖场的服装每周做 1 次位置的调整。

二、服装的基本陈列形式和陈列规范

（一）服装挂装陈列规范

挂装陈列方式是利用衣架悬挂服装，达到展示服装的目的。按照服装的方向不同，可以分为正挂及侧挂。

1. 衣裤架的使用规范

（1）挂钩的方向开口朝左，LOGO 向前，吊牌不得外露，如图 3-28 所示。

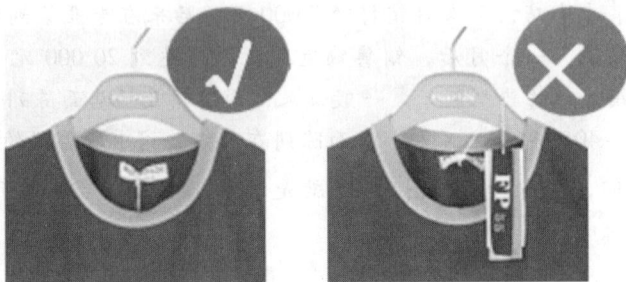

图 3-28　吊牌的挂装（正确的和错误的）

（2）易滑落的衣服，可用橡皮筋将两边固定，不能把吊牌挂在衣架上。

（3）衣服必须由下往上撑起避免变形，如图 3-29 所示。

图 3-29　衣架的使用（正确的和错误的）

（4）按服装类别选择不同类型的衣架。

2. 正挂陈列规范

正挂陈列以服装的款式来吸引顾客的注意，一般出样为畅销款、高价值款或者尺码齐全的款式，常用于卖场的墙面陈列。

（1）同一个正挂里放同种不同色的货品。

（2）一般挂 3~6 件，以 4 件为宜，如图 3-30 所示。

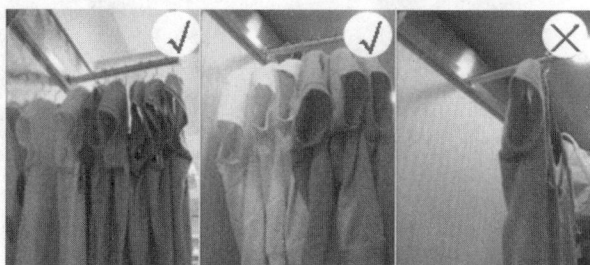

图 3-30 正挂陈列 1（正确的和错误的）

（3）尺码由前到后，依次为女装：M→S→L→XL；男装：L→S→M→XL。

（4）同系列的上装与下装搭配，如图 3-31 所示。

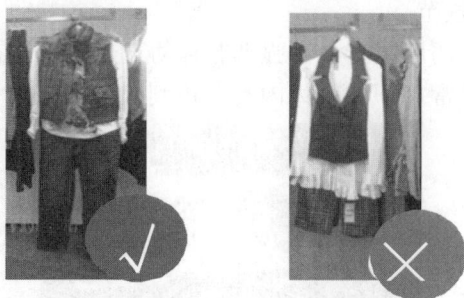

图 3-31 正挂陈列 2（正确的和错误的）

3. 侧挂陈列规范

侧挂陈列以颜色的明暗程度变化和款式层次变化来吸引顾客注意。通常利用侧挂配合正挂进行墙面陈列，也可用于卖场中岛架陈列。

（1）衣架裤架上的服装款式应统一，挂钩一律朝里，以便保持整齐和方便顾客取放，如图 3-32 所示。

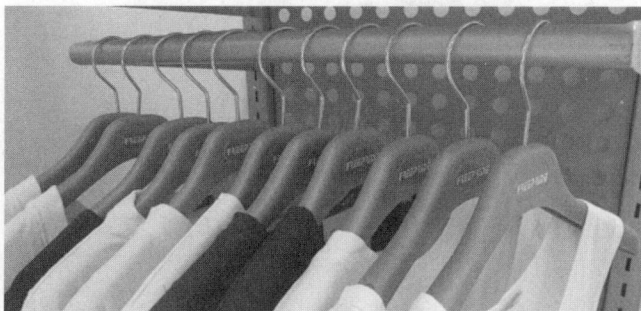

图 3-32 侧挂陈列 1

（2）服装的正面一般朝左方，由左至右依序陈列，因为顾客用右手取商品较多。

（3）相对最后一件衣服要面向顾客，如图3-33所示。

图3-33　侧挂陈列2（正确的和错误的）

（4）注意色彩的协调。

（5）尺码由前到后，由小到大。

（6）侧挂陈列不能太空也不能太挤。通常用手把衣服推向一边时，服装紧密排列后，以约留出1/3的位置比较适宜。

（二）服装叠装陈列规范

叠装陈列是通过有序的服装折叠，强调整体协调，轮廓突出，把商品在流水台或高架的平台上展示出来。通常用于陈列休闲类及规则服装的陈列，如图3-34所示。

图3-34　叠装陈列

（1）叠装陈列，夏季8～12件，冬季4～6件为宜。

（2）两叠货品间距为10～15CM为宜。

（3）尺码应由上到下，由小到大（S→M→L→XL）。

（4）吊牌不要露出，应放在衣服内。

（5）区域内颜色由上到下，由前到后，由浅到深。

（6）将畅销款式或颜色的货品放置在黄金地段（即易看见、易拿放处）。

（7）放置与货品相关联的陪衬品在其周围，以便附加推销。

（8）当某款缺色，可用类似款同色货品垫在下面暂时替代。

（9）可经常调换货品陈列位置，防止滞销，同时也使顾客有新鲜感，感觉有新款。

（三）人模陈列规范

人模陈列将服装更接近人体穿着状态进行展示，服装的细节可以充分地展示出来。人模陈列通常在店铺的橱窗里或店堂里的显眼位置上，本季重点推荐或能体现品牌风格的服装常用人模陈列方式。

（1）同组人模着装风格、色彩应采用相同系列。

（2）除特殊设计外，人模的上下身均不能裸露。

（3）配有四肢的人模，展示时应安装四肢。

（4）不要在人模上张贴非装饰性的价格牌等物品。

（5）模特的摆放要在根据店铺的实际位置来作调整，尽量朝向客人过来的地方。

（6）多个模特同时摆放时，应错落有致，尽量表现得动态、生活化一些，如图3-35所示。

图3-35　人模陈列（正确的和错误的）

三、卖场服装的陈列

（一）橱窗服装陈列

橱窗是一个与顾客沟通的重要途径，是品牌产品陈列窗口及吸引顾客进入店铺参观的关键。有特色的橱窗可推动广告宣传及商品宣传。

橱窗陈列注意问题：

（1）色系明确，每组色系不超过3个，如图3-36所示。

（2）配饰搭配丰富，灯光在模特胸部位置，如图3-37所示。

（3）靠近橱窗的店内货品陈列，应与橱窗陈列的货品是同一组或同色系，如图3-38所示。

图 3-36　橱窗陈列 1

图 3-37　橱窗陈列 2

图 3-38　橱窗陈列 3

（4）橱窗内模特组合风格要统一，要有主题性。

（二）展台陈列

展台一般放置在卖场入口及过道，展台陈列可以呼应橱窗陈列推广主题货品；展台陈列还可以大量陈列减价促销商品。展台陈列分为三种形式：

（1）以主题组合系列陈列，以搭配的形式陈列，如手袋、配饰，如图 3-39 所示。

图 3-39　展台陈列

（2）按同款不同色陈列，货品颜色组合要与邻近的货品有关联性。

（3）折扣活动展台可摆放同类不同色的货品，按颜色的规律摆满展台，但要整齐，使展台陈列能带出打折的气氛。

展台陈列应注意的问题：

（1）货品应尽量丰满，叠放陈列形式多样。

（2）展台货品居中，左右对称。

（3）展台货品颜色方面不能超过 3 个颜色，最好是同款不同色的陈列在一起。

（4）展台不能整套上下身搭配陈列在一起。

（三）墙面陈列

服装卖场的墙面陈列是卖场陈列的主要陈列空间。墙面陈列利用服装的正挂、侧挂与层板的叠装或配饰实现陈列。应注意的问题：

（1）墙面整体协调统一。

（2）通常采用"上正下侧"的方式。

（3）适当加入造型陈列，增加艺术感，如图 3-40 所示。

图 3-40　墙面陈列

（四）中岛架陈列

服装中岛架陈列通常以辅助陈列形式出现。中岛架通常陈列与相邻的墙面摆放不下的同一系列服装，参加相同的活动、相同折扣的货品。中岛架陈列中应注意：

（1）始终保持货品的正面面对顾客。

（2）注意货架与通道方便顾客购物。

【知识拓展】

服装是一门制造美丽的产业，卖场里的陈列规划同样要给人以一种美感。运用服装陈列的基本形式，营业员可以将卖场布置得整洁、规范、合理、和谐；但要想打造出时尚、个性的美感，还需学会色彩陈列技巧。

1. 服装色系的陈列技巧（如表 3-5 所示）

表 3-5　　　　　　　　　　　　　服装色系的陈列技巧

色系形式	渐变式	跳跃式	彩虹式
说明	适用于同一色系不同深浅的产品组合服装陈列，富有层次感。由浅至深或由深至浅，如：白色→米色→咖啡色	适用于商品系列化、组合型较强的商品。可以运用产品的深→浅→深→浅间隔陈列	适用于颜色较多、风格活泼、年轻的品牌，可以将货品依照彩虹的颜色组合陈列

色系陈列的原则一般以一杆货架、以一个中心色配加两个基本色为主，如米色+咖啡+驼色，其中以米色为中心色，咖啡和驼色衬托米色。但需注意：两个基本色为相近色。

2. 服装配色的陈列技巧（如表 3-6 所示）

表 3-6　　　　　　　　　　　　　服装配色的陈列技巧

配色形式	相近色	对比色	同类色	强烈色配合
说明	两个颜色之间比较相配，如米色和白色，红色与橙色等	两色之间有强烈的对比，此陈列手法会产生较大的视觉冲击，如白色+黑色，红色+绿色等	两色属于同一类颜色，只是深浅、明暗不同，如玫红色与深红色	即两个相隔较远的颜色搭配，也称对比色搭配

【任务分析】

从前面图 3-27 中，我们可以看到展台是以主题组合系列陈列一组货品，并加上相应的配饰。显然在图中我们看不出陈列的主题，因为上下装产品的风格不协调，上装的皮草高贵、华丽，而下装的裙子就显得很可爱、俏皮；展台又摆放了过多的货品，所摆放的货品既没有结合主题去陪衬，也不能带出展台的展示作用。

更改后的陈列展台应为图 3-41 所示。上下展台风格一致，配饰适当，体现服装的高贵华丽的风格。

图 3-41 正确的展台陈列

【任务实训】

1. 训练题目：服装陈列。

2. 训练内容：设计服装陈列方案。

3. 训练时间：30 分钟。

4. 训练要求及设施：提供陈列用的场地，人模、展台、中岛架、衣架、各种服装、装饰物等。

5. 评分标准：如表 3-7 所示。

表 3-7   服装陈列质量结果评价表

评价内容	小组自评		小组互评		教师评价	
1. 陈列的服装是否干净整洁，不带有尘土、污渍	是	否	是	否	是	否
2. 衣架使用是否规范	是	否	是	否	是	否
3. 展台的叠装陈列是否规范	是	否	是	否	是	否
4. 人模服饰搭配是否合理	是	否	是	否	是	否
5. 人模陈列是否有主题含义	是	否	是	否	是	否
成 绩						

任务 4

陈列家电类商品

有调查结果显示：有 70% 的顾客去商场不知道要买什么（目前在一些大城市，非计划购买率已超过 70%），随机购买者占多数，而且这一比重在逐渐增加；顾客一般在销售点平均逗留时间为 15 分钟，50% 以上的消费者是在 5 秒钟内决定是否购买的，顾客在每一商品前的驻足时间不会超过 2 秒钟。能否在 2 秒钟的时间内吸引顾客注意力，是能否实现销售的关键。

从消费者行为调查的结论中，我们了解到一个信息：在所有影响顾客购物的要素中，商品的陈列是一个非常重要的指标。优化、合理、简洁的产品陈列能刺激顾客实施购买行为的冲动情绪和欲望，在较短的时间内将产品的功能与特点充分展示给顾客，吸引顾客层层深入了解产品。

【学习目标】

1. 熟记家电商品陈列的一般准则
2. 利用陈列的一般原则检查家电商品的陈列
3. 运用家电商品的陈列方法、技巧进行家电商品陈列

【任务描述】

王东是一名中职学校的应届毕业生，他是一位名牌手机专柜的销售人员。近期，他对本季度的新品手机进行展台陈列，小王的展台陈列如图 3-42 所示。今天，上级过来检查，对新品手机的展台陈列不满意，要求小王重新陈列。

图 3-42　手机陈列展台

动动脑? 同学们，你能发现王东的手机陈列展台有什么错误吗？

【任务学习】

商品陈列的目的就是要让商品在柜台和展架上充分显示自己，最大限度地引起顾客的购买欲望，商品的陈列技术是非常关键的。

一、家电商品陈列的一般原则

1. 制冷电器的陈列包括家用冰箱、冷饮机等。以地台陈列为例，冰箱以容量由小到大，同容量里价格由低到高，价格以主通道为基准，如图 3-43 所示。

2. 空调器的陈列包括房间空调器、电扇、换气扇、冷热风器、空气去湿器等。以空调为例，先按品牌区分，挂机陈列时由上到下按照制冷量大小和价格陈列，同系列不同制冷量的挂机放置多个货价卡，如图 3-44 所示。以电扇为例，不分品牌，按扇种陈

图 3-43 冰箱的陈列

列，再分电扇尺寸，由小到大以主通道为基准，价格由低到高，纵向陈列，如图 3-45 所示，吊扇需用行架陈列。

图 3-44 空调器的陈列

图 3-45 电扇的陈列

3. 清洁电器的陈列包括洗衣机、干衣机、电熨斗、吸尘器、地板打蜡机等。以洗衣机为例，按品牌以地台陈列，每个品牌再按洗涤公斤由小到大顺序陈列，价格以主通道为基准，由低到高，如图 3-46 所示。电熨斗、吸尘器等不分品牌，按功能区分，同功能陈列以主通道为基准价格由低到高，纵向陈列，如图 3-47 所示。

图 3-46　洗衣机的陈列

图 3-47　电熨斗的陈列

4. 厨房电器的陈列包括电灶、微波炉、电磁灶、电烤箱、电饭锅、洗碟机、电热水器、食物加工机等。

微波炉不分品牌，陈列先按升数陈列，然后在同升数里以功能区分，纵向陈列，以主通道为基准走价格带。紫砂煲、火锅、电饭煲、电脑煲、电水壶、电开瓶、搅拌机、料理机、豆浆机等，不分品牌，按升数、功能或容量大小，以主通道为基准价格由低到高，纵向陈列，如图 3-48 所示。

图 3-48　电饭锅的陈列

煤气灶、抽油烟机分中式、欧式。欧式煤气灶以形象陈列，如嵌入式煤气灶正上方配欧式抽油烟机，价格以主通道为基准，由低到高。中式煤气灶以单灶、双灶区分陈列，同系列灶不分品牌以主通道为基准走价格带。抽油烟机以功率区分，由小到大，价格由低到高，陈列同煤气灶一样不分品牌按功率以主通道为基准走价格带，纵向陈列，如图 3-49 所示。

图 3-49　煤气灶、抽油烟机的陈列

热水器分燃气热水器、电热水器。陈列以品牌区分，品牌内再区分为电热水器、天然气热水器、液化气热水器。电热水器按升数、功能纵向陈列，以主通道为基准走价格带。同样式不同升数可以在样机上放置多张价卡。燃气热水器陈列同电热水器一样，需区分气种，如图 3-50 所示。

图 3-50　燃气热水器的陈列

5. 电暖器具的陈列包括电热毯、电热被、水热毯、电热服、空间加热器。

电暖器不分品牌，按材料分为两种：PTC、卤素管，陈列为 PTC 电暖器，台式、立式、挂壁式暖风机，带干衣架的暖风机，台式卤素电暖器，立式卤素电暖器等，以主通道为基准，价格由低到高，纵向陈列，如图 3-51 所示。

图 3-51　电暖器的陈列

6. 整容保健电器的陈列包括电吹风（如图 3-52 所示）、电动剃须刀（如图 3-53 所示）、整发器、超声波洗面器、电动按摩器等。

图 3-52　电吹风的陈列

图 3-53　剃须刀的陈列

以电吹风为例,不分品牌按功率大小由小到大,以主通道为基准,价格由低到高,纵向陈列。

7. 声像电器的陈列包括微型投影仪、电视机、收音机、录音机、摄像机、组合音响等。

电视按品牌区分,再由门店自行确定陈列品牌顺序,每个品牌按照电视尺寸大小、超平、纯平、高清、数字高清、液晶、等离子等特点依次陈列,并且要求所有电视播放统一画面,如图 3-54 所示。

图 3-54　电视的陈列

以携带式音乐播放器 MP3 为例,先按内存兆数由低到高陈列,内存兆数相同可按功能如由少到多依次陈列,再按价格带由低到高,纵向陈列。

台式音响、VCD、DVD先按功能区分，也可按声道区分，再按价格从低到高，纵向陈列。

数码照相机先按品牌区分，再按像素由低到高，纵向陈列。

8. 其他电器的陈列原则

以传真机为例，先按功能如热敏传真机、普通纸传真机、多功能一体机等区分，陈列以热敏机、普通机、一体机为基准，在同类机型里按价格带纵向依次陈列，如图3-55所示。

图3-55　打印机的陈列

二、家电商品陈列的方法

商品的陈列要有感染力，要引起顾客的兴趣。要注意突出本地区顾客层感兴趣的商品品种、季节性商品品种、主题性商品品种，用各种各样的陈列方式，平面的、立体的、全方位地展现商品的魅力，最大限度地运用录像、模型、宣传板等，使商品与顾客对话。

对于家电商品来说，主要有生动化陈列和多方位演示两个方法。

1. 生动化陈列方法

生动化陈列是指产品在展台、POP等陈列辅助物料的装饰下巧妙摆放，从而充分显示出产品的形象、功能与卖点等特点。如陈列时，人气机型（富有竞争力且比较吸引人的机型）要恰当地与主推机型呼应；按照促销主题的需要设计主题陈列，如"五一"节临近，可围绕婚庆对产品的陈列进行包装；现在比较流行的还有生活提案式陈列，充分展示出时尚化的生活需要，如图3-56所示。

搞好生动化陈列，应注意以下几点：首先是要求摆放的样机是干净完好的产品；其次要求样机的摆放讲究艺术性，一般是按大小的顺序来排列摆放或对称的方式来摆放（即中间摆放比较大的样机，两边依次摆放比较小的样机）。按大小顺序来摆放给人一种整齐有序的感觉，按对称的方式来摆放比较符合国人的生活习惯。总之，样机在终端摆放出来以后，要感觉很整齐，不能参次不齐或给人感觉很乱；要让消费者看了样机摆放后，第一时间感觉很舒服。

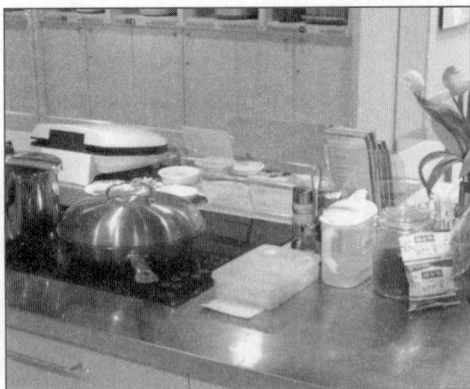

图 3-56　生动化的陈列

2. 多方位演示方法

美国有句广告格言："卖牛排的关键是卖炸牛排时的气氛、声音"，这正是在讲产品演示的重要性。多方位演示常用的原则有"能动则动起来，能体验就体验一下，能语音图像就播放出来"。如加湿器，在演示柜上不停地喷出湿气如仙境一样；在豆浆机柜台上摆着制作好的喷香豆浆，顾客可以随意品尝，如图 3-57 所示；电热水器，通过电视机进行展示，顾客可以边听促销员的讲解，边在电视上看到更全面的操作演示，同时电视的播放还能吸引更多的消费者驻足咨询产品。

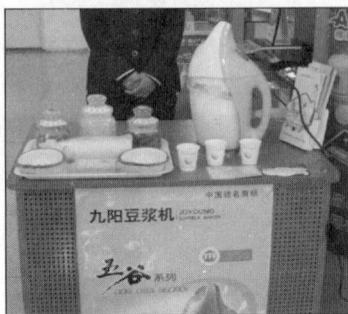

图 3-57　演示化的陈列

❖【知识拓展】

一、家电的分类

家用电器的分类方法在世界上尚未统一。在国外通常把家电分为 4 类：白色家电、黑色家电、米色家电和新兴的绿色家电。白色家电指可以替代人们进行家务劳动的产品，包括洗衣机、冰箱等；或者是为人们提供更高生活环境质量的产品，像空调、电暖器；黑色家电是指可提供娱乐的产品，比如：DVD 播放机、彩电、音响、游戏机、摄像机、照相机、电视游戏机、家庭影院等；米色家电指电脑等信息技术产品；绿色家电，指在质量合格的前提下，可以高效使用且节约能源的产品，绿色家电在使用过程中不对人体和周围环境造成伤害，在报废后还可以回收利用的。

二、家用电器的放置环境

1. 注意高温环境

高温的环境会使家用电器的绝缘材料加速老化，而绝缘材料一旦损坏，即可引起漏电、短路，从而导致人身触电甚至引发火灾事故。

2. 注意潮湿环境

不应将洗衣机长时间放在卫生间内，也不要把家用电器放在花盆及鱼缸附近，还要注意不要在家用电器上放置装有液体的容器，更不得用湿布带电擦洗或用水冲洗电器设备。

3. 注意腐蚀环境

家电的外壳及绝缘材料受到化学物质的长期侵蚀，会缩短使用寿命。所以电冰箱、洗衣机等家用电器不宜放置在腐蚀性及污染性较严重的厨房内，以免受到煤气、液化气或油烟的侵蚀。

4. 注意安全环境

家用电器一般都应摆放在安全、平稳的地方，千万不要放置在有振动、易撞击的过道处。若放置的地方不安全，一不小心使家用电器遭到剧烈的振动和猛烈的撞击，会使螺丝松动、焊点脱落、电气及机械等零部件移位，甚至会造成家电外壳凹陷开裂、零部件错位、导线断裂等损坏。

三、家电安全使用的年限参考（如表3-8所示）

表 3-8　　　　　　　　　　　家电安全使用的年限参考

家电种类	使用年限
彩色电视机	8～10 年
电热水器	8 年
空调器	8～10 年
电熨斗	9 年
电子钟	8 年
电热毯	8 年
电饭煲	10 年
电冰箱	12～16 年
个人电脑	6 年
电风扇	10 年
燃气灶	8 年
洗衣机	8 年
电吹风	4 年
微波炉	10 年
电动剃须刀	4 年
吸尘器	8 年

【任务分析】

王东学习并掌握了品牌手机的陈列细则，具体如下：

（一）柜台陈列的细则

1. 柜台内外干净整洁，柜内光线明亮。

2. 柜台内外陈列品需保证完好，无破损。

3. 柜台内、柜台上禁止摆放杂乱物品。

4. 柜台内禁止出现其他品牌的任何物料。

（二）机模陈列的细则

1. 机模需整洁且完好无损。

2. 必须陈列正在销售产品的机模。

3. 不能陈列按键脱落、机壳或屏幕损坏的机模。

4. 在柜台内或柜台上陈列机模时，必须使用 Blackberry 机托，不能将机模直接摆放在柜台内或柜台上。

5. 机模的陈列位置符合当期的产品陈列规范。

6. 机托上必须陈列机模，不能空置。

（三）价签陈列的细则

1. 价签完好，信息清晰。

2. 机模和价签对应摆放。

3. 不能出现有机模没价签或有价签没机模的情况。

4. 同一机型，不同颜色机模可共享一个价签。

5. 价签不能被压在机模下面而且看不清价格。

（四）宣传品（折页/折页架）陈列的细则

1. 折页应放在折页架中。

2. 没有折页架，可陈列在柜台上边侧，但应放整齐。

3. 折页不得散乱置于柜台内外或放进柜台内陈列。

4. 折页要及时补充，折页架不能空置。

5. 不得将其他品牌折页放到 Blackberry 折页架内。

6. 自制的 POP 和单页不能陈列在折页架内。

【任务实训】

1. 训练题目：家电商品的陈列。

2. 训练内容：考察当地知名商场家电类商品的陈列，结合所学的家电商品陈列的原则、方法和技巧，进行评价。

3. 训练时间：45 分钟。

4. 评分标准：如表 3-9 所示。

表3-9　　　　　　　　　　　考察内容项目评价表

考察内容	个人考察	卖场评价	感受及收获
1. 冰箱是否以立升数呈水平陈列	是　　否	是　　否	
2. 洗衣机是否从双缸到单缸到滚筒以公斤数呈水平陈列	是　　否	是　　否	
3. 微波炉是否按从标准配置到带烧烤配置再按立升大小陈列	是　　否	是　　否	
4. 熨斗是否按从普通式到蒸汽式陈列	是　　否	是　　否	
5. 饮水机是否按从台式到立式陈列	是　　否	是　　否	
6. 音响是否按从 CD 到 VCD 到 DVD 到 MD 陈列	是　　否	是　　否	
7. 电视机是否按从 21 寸到 25 寸到 29 寸到 34 寸到投影式到等离子式到液晶式呈水平陈列，以价格呈垂直波浪陈列	是　　否	是　　否	

任务5

陈列食品类商品

俗话说"民以食为天"，足以见得食品在人们生活中的重要位置。食品的销售额也是各大卖场销售额的重要组成部分。如何满足消费者需求，如何引领食品消费也就成为了各大卖场的主要问题之一。卖场的食品陈列是对食品的展示，卖场管理应重视食品陈列，以促进食品销售。

【学习目标】

1. 严格按照食品陈列准则进行陈列
2. 学会运用货架陈列
3. 能够按照堆头陈列规范进行堆头食品陈列

【任务描述】

经常逛商场的人会发现，商场食品摆放会有很多"潜规则"。

食品摆放"潜规则"之一：利润大的商品摆放在与消费者视线持平的地方。

食品摆放"潜规则"之二：新鲜的食品往后摆，旧的食品往前摆。

食品摆放"潜规则"之三：随机大量散放的食品，价格较便宜。

动动脑?同学们，请想一想，食品的摆放为什么会有这样的"潜规则"呢？你在商场里还发现了哪些"潜规则"？

【任务学习】

商品陈列有一定的原则及规范，每类商品的陈列原则都有其自身特点。作为超市中的重头戏——食品商品，更是有着自己的陈列原则及规范。

一、食品商品陈列的一般准则

1. 卫生安全准则

食品陈列的场所、设备应当保持清洁，定期清扫，做到无积尘、无食品残渣，无霉斑、鼠迹、苍蝇、蟑螂，不得存放有毒、有害物品（如：杀鼠剂、杀虫剂、洗涤剂、消毒剂等）及个人生活用品。

2. 先进先出准则

食品类商品对于保质期的要求非常严格，为了保持商品整体相对好的保质期，在补充商品时应依照先进先出的原则来进行。补货时把里面的商品先拿出来，检查一下，如果保质期和待上架的一样，且货架和商品都干净，就直接上货；否则，商品拿下来，清洁后，把新商品补充在里面，然后把原来的商品放在外面。尤其是生鲜、冷冻冷藏等保质期较短的食品更要注意先进先出。

3. 标识准则

（1）商品标识正面要面向顾客，如图 3-58 所示。

图 3-58　商品标识

（2）商品与价签一一对应，价签信息全面，更新及时准确。

（3）食品签信息应包括生产日期及保质期。

4. 分类陈列关联性准则

经营场所内经营的食品种类繁多，进行食品陈列时要按不同类别分类陈列，如大体可分为饮品、保健品、休闲食品、烟酒类、粮油类等。但在分类陈列过程中要考虑商品的关联性，要充分体现商品在消费者使用或消费时的连带性。应陈列在通道的两侧，或陈列在同一通道、同一方向、同一侧的不同组货架上，而不应陈列在同一组双面货架的两侧。

二、卖场食品陈列规范

（一）包装食品区商品陈列规范

1. 货架商品陈列规范

货架陈列是食品陈列的是主要方式，要取得良好的陈列效果，需按照货架规范进行陈列。

（1）分段陈列，如图 3-59 所示。

图 3-59 分段陈列

①上段。货架上好的陈列位置被称为"上段"，一般是指与顾客的视线高度相平行的地方，高度在 130～145CM 之间；陈列一些推荐的商品和自有品牌商品，有时也可陈列一些有意培养的商品，这一陈列位置也叫黄金段。在此段，成人消费者看到或拿到陈列商品最为容易，商品流转速度也最快，一般陈列高利润商品、自有品牌商品、独家代理或经销的商品。不能用来陈列低毛利或无毛利的商品，否则对商场是一个大的损失。

②中段。货架次好的陈列位置被称为"中段"，是指与普通消费者腰的高度齐平的地方，高度在 80～90CM 之间，这一段主要用来陈列低利润率的商品，也可陈列一些由于顾客需要而不得不经营的补缺商品。这一段主要用来招徕和吸引顾客，使顾客产生"由此及彼"购买黄金段商品的效果。

③下段。货架不好的陈列位置被称为"下段"，是指货架 10～80CM 的位置。下段是商场货架的最底层，这一位置主要陈列体积大、重量较重、易破碎、毛利低，但周转较快的商品，例如瓷罐装的豆腐乳、瓶装酱腌菜等，也可陈列一些具有较高消费者品牌忠诚度、单位价值较低的商品。

（2）丰满、美观陈列。

①前进补缺。一般情况下，商品占据的空间应占所分配的陈列空间的 1/2，前端商品销售后，应及时将后端商品陈列在前端。如出现断货时，可用同类商品中的畅销商品（或陈列位左右邻近的商品）补充缺货位，如图 3-60 所示。

②形色搭配。相邻商品之间颜色、形状、大小反差不应过大；纵向陈列的商品上下之间的颜色反差不应过大。一般由暖色至冷色过渡（冷暖色交替陈列应注意配色的和谐）。

（3）显而易见陈列。

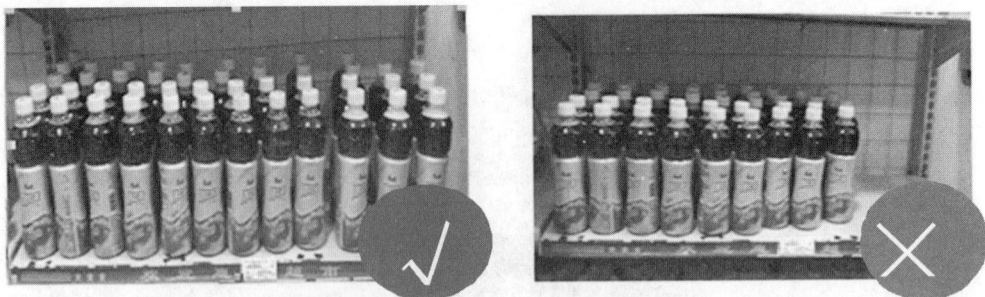

图 3-60　前进补缺（正确的和错误的）

①每一种商品不能被其他商品挡住视线。

②货架下层不易看清的陈列商品，可以倾斜式陈列。

③朝向一致、分界成线：同种商品的各陈列面朝向应一致。相邻两种商品之间的分界线应一目了然，严禁交叉混放；陈列商品的前端及左右的分界处应成直线，如图3-61所示。

图 3-61　陈列分界

（4）垂直陈列。

相同品牌的货品，应按类别垂直陈列。使不同品牌商品享受的货架段位的平均销售利益。垂直陈列时，单品基本面宽度不小于21CM，如图3-62所示。

2. 堆头商品陈列规范

堆头陈列是指在卖场的货架两侧、主通道、入口处、收银机旁等人流数量较多的位置摆放产品的方式。其有利于增加商品的出现频率，提高顾客对产品的认知度，从而提高商品的销售量，如图3-63所示。

（1）堆头陈列商品要求。

①促销商品。

②畅销商品。

③季节性商品。

④新品。

⑤供应商买断商品。

图 3-62　垂直陈列

图 3-63　堆头陈列 1

（2）堆头陈列规范。

①堆头陈列商品数量要充足。端架商品陈列后巡视左右两旁及正面，呈出丰满的量感，如图 3-64 所示。

图 3-64　堆头陈列 2（正确的和错误的）

②用商品测量层板的高度再做调整（由下至上），商品不可与层板有缝隙，以顾客

拿取商品的方便性为标准，如图 3-65 所示。

图 3-65 堆头陈列 3（正确的和错误的）

③堆头陈列前要先书写 POP，书写要规范。

④堆头陈列空排面不能超过 3 分钟以上。

⑤营业高峰期间不能更换堆头陈列商品。

⑥每平方米堆头立体陈列不超过 6 种，平面陈列不超过 2 种。

（二）生鲜熟食区各种商品的陈列规范

1. 水果蔬菜的陈列规范

（1）水果蔬菜的所有单品的陈列必须是"侧正面"整齐排列，把其颜色最漂亮的一面统一朝向顾客。蔬菜陈列时，叶菜部分是根部朝下、叶部朝上；果菜部分是头部（根蒂部）朝上、尾部朝下。

（2）商品一纵行梯形陈列，根据商品进货量确定纵行的宽度，如图 3-66 所示。

图 3-66 果蔬陈列 1

（3）货架陈列面与地面应有 60 度以上的角度。

（4）特价促销商品要做堆头和大面积陈列，且 POP 等宣传告示与之对应。

（5）对于新商品和特价促销商品等需要向顾客展示其内在品质的商品，应将其切开并包装进行展示，同时切成小块给顾客试吃。

（6）高档且易损坏商品需要包装后进行陈列销售，绝大部分陈列于冷藏保鲜柜中，销售量不大的商品，要适当控制陈列面和陈列量，如图3-67所示。

图 3-67 果蔬陈列 2

（7）要随时注意陈列商品的保养，对坏货要及时撤离货架。

2. 鲜肉的陈列规范

（1）鲜肉商品以保鲜袋打包形式陈列的，斜侧立陈列于0℃冷藏柜中销售，如图3-68所示；以悬挂方式陈列展示的，要准备手套给顾客挑选时用，并同时可以将鲜肉悬挂在销售区内展示。

图 3-68 鲜肉陈列

（2）禽类与猪、牛、羊肉之间需用分隔板隔开。

（3）按顾客行走的路线分品类陈列，建议依次为汤配品、禽类、牛羊肉、猪肉，最后为腊味品。

（4）冻品类如禽类、翅膀、凤爪及内脏等商品，除了包装陈列外，可散装陈列于冰鲜台上。

3. 鱼的陈列规范

（1）活鲜鱼的陈列规范。

①水池里的水必须保持清澈。

②水池里的水必须保持循环、过滤、打氧。

③水池里的鱼必须保证是活的。

④可以使用旋转式价格牌固定在鱼缸上标识价格。

⑤各种活鲜品必须按品类特性进行陈列，如：咸淡水鱼分开，四大家鱼与鲈鱼、桂花鱼与河虾等分开，鲈鱼与河虾分开，活鱼与贝壳类分开等等。

（2）冰鲜鱼的陈列规范。

①必须按品类进行归类陈列。

②价格牌可以插到冰里面，必须与每一种商品进行对应。

③要求动感化陈列，鱼体斜侧立于冰面上，腹部藏于冰里面（黄花鱼除外）；细小鱼体则做圆形的花样陈列。

4．熟食的陈列规范

（1）每个陈列盘中只能陈列一种商品。

（2）卤水、凉拌菜需要点缀芫荽、青葱等绿色调料。

（3）为了保证卫生，尽量避免使用敞开式的陈列方法。

5．面包房的陈列规范

（1）按西式、中式、面包、蛋糕等大类用分隔板隔开，集中陈列。

（2）要求一个商品一纵行梯形陈列，根据商品生产量确定纵行的宽度。

（3）散装食品应该放在较低的陈列位置，且置于有机玻璃的面包罩里。

（4）特价促销商品用促销车或不锈钢层架，结合 POP 宣传告示做陈列销售。

（5）为了保证卫生，不可使用敞开式的陈列方法陈列热卖商品。

❖【知识拓展】

常见包装食品陈列具体要求

1．液体

碳酸：先依据口味再根据品牌陈列。货架上层陈列听装，下层陈列瓶装。货架最高两层陈列听装，中间一层陈列听装六连包，下层陈列瓶装及家庭装。此陈列是依据商品的规格大小陈列，基于安全因素，大规格应陈列货架底层，同时方便顾客拿取。

果汁：依据口味再根据品牌陈列。果汁陈列重点突出颜色搭配，同口味商品陈列在一起色调上更协调，更能吸引顾客眼球。

牛奶：在陈列时按小分类陈列（依据纯牛奶、花色奶、果奶、其他牛奶、配置奶陈列）在此原则上再按品牌陈列。货架的下库存区陈列整件商品，以 250ml 规格牛奶 3 件为高度。果奶、其他牛奶、配置奶无下库存区；三角包用斜口笼陈列在配置奶货架下层。

豆奶：豆奶陈列在牛奶区域的配置奶后面。

健康饮料：按功能归类纵向陈列，陈列在茶饮料后面。

龟灵膏：建议陈列在冷柜上。

水：按品牌纵向陈列。小规格陈列在货架的上层，500～600ml 规格陈列在货架的黄金位置。考虑到方便顾客整件购买，下库存区陈列 500～600ml 规格整件商品，上库存区陈列 250～350ml 规格整件商品。由于目前部分小分类厂家功能单一,暂未达到按小分类陈列的标准。

茶饮料:按口味陈列(依据绿茶、红茶、花茶、凉茶陈列)。货架上两层陈列利乐包依次下来为 350ml 瓶装、500ml 瓶装、家庭装。

罐头饮料:依据规格大小陈列,上层陈列小规格,下层陈列大规格。桔片爽系列占整体罐头饮料陈列的 2/3。

2. 保健品

就目前而言为突出厂家的品牌性,保健品陈列将依据品牌陈列。

奶粉:先按年龄段再按品牌来陈列,依次为婴儿奶粉、儿童奶粉、学生奶粉、成人奶粉、老年奶粉。听装奶粉陈列在货架的上三层,下面陈列袋装奶粉。

茶叶:根据包装分礼盒和普通包装陈列。其中普通包装依据功能分类陈列依次为绿茶、花茶、乌龙茶、红茶纵向陈列。依据消费习惯,礼盒茶叶靠近保健品陈列。

方便冲调类:依据小分类陈列(分燕麦片、麦片、豆奶粉、方便粥类、糊类、核桃粉、咖啡、果珍等陈列次序,可依据各卖场情况来进行陈列)。礼盒根据季节变化调整陈列。

蜂蜜:依据方便冲调陈列模式陈列。

儿童食品:跟儿童奶粉相关联陈列,依据品牌陈列。

3. 休闲食品

甜味饼干:依据小分类、规格、形状来陈列。

咸味饼干:依据品牌来陈列。

家庭装饼干:依据商品包装来陈列。

点心:依据小分类进行纵向陈列,依次为沙琪玛、派、蛋糕、酥类、蛋卷、煎饼、小糕点等。

硬糖和软糖:先按包装再依据口味来陈列。陈列道具建议采用挂钩。

香口胶:先按包装再依据品牌来陈列。袋装香口胶建议采用挂钩陈列,瓶装香口胶用层板陈列。

巧克力:按品牌陈列。排块装建议采用专用陈列道具。

肉干:先按小分类再按厂家陈列,依次为牛肉干、牛肉粒、卤味肉干、猪肉干、肉松、鱼干类。陈列道具建议采用挂钩。

熟食:依据消费者的消费习惯建议以品牌进行纵向陈列。陈列道具建议用挂钩。

蜜饯:依据小分类再按包装来陈列。袋装和瓶装分开陈列,依次为梅子、姜、蜜枣、酸枣糕、地瓜干、山楂、葡萄干、橄榄/芒果等。建议袋装蜜饯采用挂钩陈列,瓶装蜜饯采用层板陈列。

核果:依据小分类再按包装来陈列。袋装和瓶装分开陈列。分类陈列依次为瓜子、花生、开心果、松子、杏仁、豆类、核仁等。袋装核果类商品建议采用网层板陈列,瓶装核果类商品采用层板陈列。

果冻布丁:依据包装再按品牌陈列。最下层陈列大袋装,上面以杯装、软包装纵向陈列为主。

膨化食品:依据品牌、包装来陈列。听装与袋装分开陈列。袋装陈列建议采用网层板，瓶装陈列采用普通层板。

4. 烟酒类

白酒：按小分类再依据品牌陈列。小分类为简装白酒、礼盒装白酒。礼盒装白酒依据品牌进行陈列，简装白酒依据规格进行陈列，货架上层陈列小规格白酒，下层陈列桶装白酒。

葡萄酒：根据消费者的消费习惯按品牌进行陈列。

保健酒：按品牌再依据规格陈列。

啤酒：按品牌纵向陈列。货架上层陈列听装，下面陈列瓶装。

洋酒：考虑到洋酒的单价较高以及顾客惯有的消费习惯，建议陈列在酒柜里。

5. 粮油类

面粉：建议采用斜口笼陈列。

面条：依据包装再按品牌陈列。袋装与筒装分开陈列。陈列道具建议为陈列层板。

面食：依据包装再按品牌陈列。袋装、五包入、容器面分开陈列。袋装和五包入建议采用网层板陈列，容器面采用层板陈列。

6. 其他

按品牌再按规格陈列。货架上层陈列小规格，下层陈列大规格。

油类建议按品牌区分陈列。货架上层陈列小规格，大规格居中下陈列。

米应与油陈列在一起，最好陈列在木制的货架上，单品不宜过多，按规格品牌陈列即可，针对高档米建议用货架陈列。

调味品应与罐头食品类陈列在一起，按包装的形状及小分类区分陈列。袋装与瓶装分开陈列。袋装调味品用斜口铁笼陈列，其余都用层板陈列。

袋装调味品依据分类、品牌采用纵向陈列。袋装调味粉建议采用专用陈列道具，其他可采用斜口笼陈列。

南北干货按小分类再按品牌纵向陈列，采用层板陈列。

❖【任务分析】

通过学习，我们知道了商场食品摆放的这些"潜规则"是非常有道理的。

潜规则一："利润大的商品摆放在与消费者视线持平的地方"是按货架陈列中的分段陈列规范进行的陈列。

潜规则二："新鲜的食品往后摆，旧的食品往前摆"是依据食品陈列基本准则的先进先出原则。

潜规则三："随机大量散放的食品，价格较便宜"的商品进行堆头陈列，这种适用于特价促销商品的陈列。

❖【任务实训】

1. 训练题目：食品陈列。

2. 训练内容：超市食品陈列。

3. 训练时间：30分钟。

4. 训练要求及设施：提供食品陈列的场地，以及货架、各种食品等。

5. 评分标准：如表 3-10 所示。

表 3-10   **商品陈列质量结果评价表**

评价内容	小组自评		小组互评		教师评价	
1. 陈列的食品是否干净整洁	是	否	是	否	是	否
2. 陈列设备是否干净	是	否	是	否	是	否
3. 商品陈列是否做到先进先出	是	否	是	否	是	否
4. 货架陈列是否符合陈列规范	是	否	是	否	是	否
5. 堆头陈列是否符合陈列规范	是	否	是	否	是	否
成　绩						

任务 6

陈列百货类商品

在各种类型的卖场中，除了服装、鞋品、食品、家电外，还有种类繁多的商品，如化妆品、家纺、厨具、文化用品、箱包等，这些商品的陈列我们统称为百货商品陈列。百货商品陈列或简单、或复杂、或规律、或唯美，但万变不离其宗的是其最终目的——销售。

【学习目标】

1. 严格按照陈列原则进行陈列
2. 学会运用陈列方法
3. 能够运用陈列技巧进行陈列

【任务描述】

宜家家居，一家来自瑞典的家具及家居用品零售商，在全世界 39 个国家和地区拥有 253 家商场、127 800 名员工。作为一个成长速度惊人的家具（居）行业成功典范，其布局陈列方式不仅获得了许多顾客的认可，更是宜家跨越不同消费习惯和消费文化环境获得成功的"秘密武器"。宜家拥有自己的设计团队，流水线产品在他们的陈列之下组成了一个个具有购买诱惑力的样板间。它们的魔力在于，消费者买了宜家的沙发之后，就像中了"毒"一样每季关注产品手册上推陈出新的沙发套；或者为了省事，干脆照搬一个样板间回家。但是那些买回去的基本款单品，比如一个衣柜，你会不会觉得没有陈列的时候那么炫？

动动脑？同学们，请想一想，宜家家居的商品单独出现为什么会没有在店中那么炫？

【任务学习】

科学与专业的商品陈列，可以赋予商品生命与活力，帮助经营者塑造良好的商店形象，增强商店的竞争力和吸引力，刺激顾客的购买欲望，方便并诱导消费者选购到满意的商品，从而达到满足消费需求、扩大商品销售、提高经济效益的目的。

一、百货商品陈列的一般原则

商品陈列的形式多种多样，不同的商品陈列形式更是千差万别，但是无论什么商品，在陈列过程中都要遵循以下原则：

1. 科学性原则

科学性是指在商品陈列时，要使类别的整体布局合理化、科学化。

（1）陈列的时候要把关联性强的商品陈列在一起。如服装和布匹、鞋和帽、脸盆和口杯等，以方便顾客选购。

（2）陈列的时候要把互相排斥的商品分开陈列。如化妆品和食品，酸性商品和碱性商品等，若陈列在一起可能会发生反应，影响商品的质量。

（3）根据商品的形状、体积、特性选择适当的陈列方法及陈列位置，如图3-69所示。

（4）能定量定位的商品，都要尽量定量定位陈列。做到随售随补，保持陈列的形状，以便于营业员拿放、盘点和商场的管理，方便顾客选购。

图3-69　科学陈列

2. 典型性原则

典型性是指在商品陈列时要选择具有代表性的、典型的商品陈列。

商店里经营的商品成千上万种，受柜台橱窗的限制，不可能所有的商品件件都和顾客见面，这就要求把那些能反映商品和柜组经营特点的商品陈列出来，使顾客一眼就能看出这个柜组重点销售的商品。

3. 系统性原则

系统性是指在商品陈列时将商品按照一定的顺序、类别进行陈列。

因为商店里经营的商品种类繁多、复杂，在陈列商品时必须按照一定的顺序井井有条地进行排列，切忌杂乱无章，如图 3-70 所示。

图 3-70 系统陈列

4. 季节性原则

季节性是指在商品陈列时将应季商品和过季商品按照不同的购买需求进行陈列。

凡是应季商品应尽量摆放在醒目的位置上，多占用一些面积，通过吊、挂、摆等各种形式，吸引顾客注意，从而扩大销售。而对于那些过季或淡季的商品，则要适当压缩所占用面积。

5. 艺术性原则

艺术性是指根据不同的商品采用不同的陈列方法，充分展示商品的美感、质感，力求把营业场所布置得层次分明、重点突出、色彩协调、琳琅满目。为增加陈列的艺术性也常需考虑色彩的搭配、文字的配合、灯光的运用。

二、百货商品的陈列方法与技巧

（一）百货的陈列方法

1. 线状陈列

它是指以货架、柜台各层的展览空间为基础，将商品排列成一条平行线。可采用垂直、竖立、平卧、倾斜的排列形式，视商品形状和摆放货位空间的大小，将商品有顺序地排成直线。这种陈列方法能统一、直观、真实、整齐地表现出展品的丰富内容，使顾客一目了然，具有强烈的感染力，如图 3-71 所示。

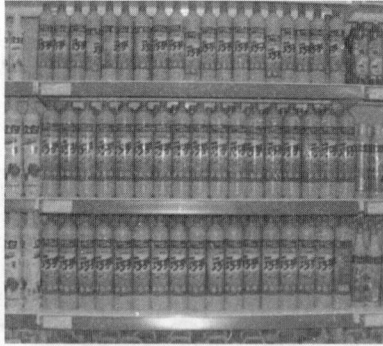

图 3-71　线状陈列

2. 层叠堆积陈列

它是指将商品逐个叠积起来，使其高度增加、体积增大，从而突出陈列品的形象。堆叠的具体方法有三种：一是直接堆叠，如瓷碗可运用重心平衡理论，向上一层一层地堆叠成一定的形状，如图 3-72 所示；二是组合堆叠，盒装、听装的商品可采取由底层向上逐层递减的方式，堆成"山"字形或其他形状，图 3-73 所示；三是衬垫堆叠，如底大口小的商品可在堆叠的每一层加放一块玻璃垫板，将陈列商品堆叠成所设想的形状。

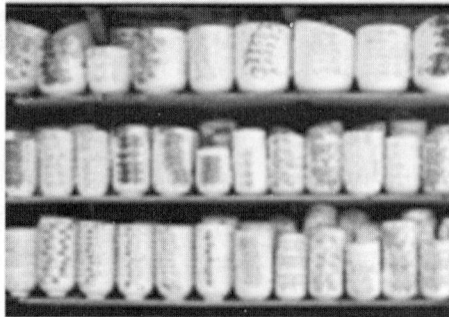

图 3-72　层叠堆积陈列 1

图 3-73　层叠堆积陈列 2

3. 挂式陈列

它是指将小商品用挂钩吊挂起来的陈列方法，多用于陈列日用品或食品等小商品，如图 3-74 所示。在悬挂时应注意上下左右之间的距离，以不影响货架陈列商品的视线为宜。橱窗和样品橱的悬挂陈列也是一种主要的陈列方法。例如，纺织品可悬挂在橱顶上的 1 个或几个悬挂点上，使其自然呈现飘逸感；若要显示挺括感，则可进行折线处理后在其尾端用钉子固定；也可悬挂 1 张网，将陈列样品、装饰品、POP 及一些刚性的中小件商品布置在网上。

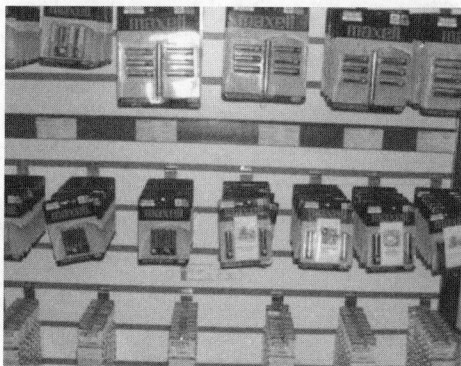

图 3-74 挂式陈列

4. 钉折法陈列

它是指将柔性商品折成某种平面的图形，然后用大头针固定在色板或配有画面的色板上的陈列方式，如图 3-75 所示。

图 3-75 钉折法陈列

5. 阶梯式陈列

它是指将小型的商品摆在前面，大型商品摆在后面；将较便宜的商品摆在前面，较贵的商品摆在后面；将暗色系的商品摆在前面，明亮色系的商品摆在后面；季节性商品、流行性商品及新商品摆在前面，一般商品摆在后面，这种陈列方法的层次感非常强。

6. 配套陈列

它是指将有关联性的商品组合成一体的系列化陈列。如将成套家具加上布艺品、家用电器、小摆设、装饰画、插花等，组合在同一个展览空间内，提高顾客的想象力，如图 3-76 所示。

图 3-76 配套陈列

7. 其他陈列

它是指充分利用道具进行陈列，把各种商品进行组合陈列展示、扇形陈列展示等，如图 3-77 所示。

图 3-77 其他陈列

（二）百货陈列技巧

1. 按种类分类陈列技巧

大多数商场超市在进行推销陈列时，都是按照商品的种类分类的。如卖手提包的专柜可将商品分成男用公事包、女用时装包、皮夹、购物袋等几个部分，如图 3-78 所示。

2. 按材料分类陈列技巧

这种分类方式在器皿类柜组比较常用，如将碗杯分成陶器、瓷器、漆器、银器、塑料制品等。虽然器皿商品几乎都按材料分类，但顾客在购买时却往往不受这种陈列方式的影响，这是因为大多数顾客在购买这类商品时都是在计划范围内选购，材料只不过是一个参考因素，主要还是看价格和实用程度，如图 3-79、图 3-80 所示。

图 3-78 箱包陈列

图 3-79 器皿陈列 1

图 3-80 器皿陈列 2

3. 按用途分类陈列技巧

按用途分类最显著的例子是家庭用品类，如厨房用具、客厅摆饰、浴室用品、卧室用具、家用电器等。有些商场超市甚至还对大分类进一步细分，如厨房用具又分为洗涤用品、煮炖用品、刀切用品等。这种分类陈列的方式对顾客来说非常方便，因为他们购买商品是为了获得某一用途的商品以满足某一需要，而能满足此需要的商品有很多。比如，照明用具都可以满足顾客照明的需要，而照明用具又分为日光灯、白炽灯、台灯、吊灯、新型节能灯，如果商场超市能按这些照明灯具的用途分类，再将其集中在一起介绍给顾客，就能促使顾客较快地做出购买决定。

4. 按对象分类陈列技巧

这是根据不同顾客的需要而进行的分类。如服装柜组按对象可将服装分为老年服装、中年服装、青年服装、儿童服装；玩具柜组可将玩具分成幼儿玩具、学龄儿童玩具。

5. 按价格分类陈列技巧

这种按价格分类的方式多用在礼品及廉价商品上。因为顾客在购买礼物送人时，事先都会有个预算，如果商场超市将礼品按不同的价格档次依序陈列，就会极大地方便顾客的比较和选择。

【知识拓展】

药品分类陈列

药品陈列是药品分类管理要求的主要体现，规范合理地摆放有利于零售药店加强处方药与非处方药的分类管理，减少因放置混乱而错拿药品等事件的发生。药店摆放药品应遵循以下七条原则：

1. 特殊药品特殊管理原则

有二类精神药品经营资格的药店，应设立专柜存放精神药品，不能与其他药品混同摆放，不要放在特别醒目的位置，要做到专人管理、专册登记，以保证存放安全。

2. 药品与非药品分开原则

非药品应在药柜之外摆放，不应与药品混放，更不能摆在药品的中间。有经营避孕药具等家庭常用医疗器械资格的药店，应设置医疗器械专柜。

3. 处方药集中陈列原则

鉴于目前处方药属于"双轨制"管理阶段，对必须持处方购买的药品应集中摆放，并制作明显的标识，以提示消费者购买时出示处方。

4. 外用、易串味药单放原则

为防止药品成分相互影响，应将外用和易串味药品单独摆放，并相对分开。

5. 按用途分类原则

为方便消费者选购和经营者取药，药店应按用途分类摆放药品，如内科用药、伤科用药等。

6. 按功能放置原则

在分类摆放的基础上，药店要再按功能分类放置药品，如内科用药可分为呼吸内科用药、消化内科药、神经内科用药、心血管内科用药等。

7. 非处方药突出原则

在以上原则下，药店在摆放药品时，要把非处方药摆在最醒目的位置，并尽可能地突出乙类处方药，以方便消费者选择购买，提高消费者的自我保健、自我药疗能力。

🞖【任务分析】

通过学习，我们知道商品陈列是在一定的原则指导下运用陈列方法及技巧完成的，目的是展示商品、促进销售。宜家家居拥有专业的设计团队，流水线产品在他们的陈列之下组成了一个个具有购买诱惑力的样板间，将样板间内商品的最适合状态展示出来。所以，才会出现当消费者购买单一商品后会有些"失落"。

宜家家居的陈列符合科学性、典型性、系统性、艺术性的陈列原则，运用多种陈列方法及技巧进行商品陈列，吸引消费者，完成销售。

🞖【任务实训】

1. 训练题目：商品陈列设计。
2. 训练内容：设计商品陈列方案，根据商品陈列的原则和方法进行布局。
3. 训练时间：30 分钟。
4. 训练要求及设施：提供陈列用的场地，货架、各种商品、装饰物等设备。
5. 评分标准：如表 3-11 所示。

表 3-11　　　　　　　　　　商品陈列质量结果评价表

评价内容	小组自评		小组互评		教师评价	
1. 关联性强的商品是否陈列在一起	是	否	是	否	是	否
2. 互相排斥的商品是否分开陈列	是	否	是	否	是	否
3. 是否陈列有序，井井有条	是	否	是	否	是	否
4. 是否把应季、主打商品摆放在醒目的位置	是	否	是	否	是	否
5. 陈列方法选择是否恰当	是	否	是	否	是	否
成　绩						

接待顾客

❖【案例导入】

一个乡下来的年轻人去应聘城里"最大"的"应有尽有"百货公司的销售员。老板问他："你以前做过销售员吗？"他回答说："我以前是在村里挨家挨户推销的小贩子。"老板喜欢他的机灵："你明天可以来上班了。"

一天的光阴对这个乡下来的穷小子来说太长了，而且还有些难熬。但是年轻人还是熬到了傍晚5点，差不多该下班了。

老板来了，问他说："你今天做了几单买卖？"

"1单。"年轻人回答说。

"只有1单？"老板很吃惊地说："我们这儿的销售员一天基本上可以完成20～30单生意呢。你卖了多少钱？"

"300 000美元，"年轻人回答道。

"你怎么卖到那么多钱的？"目瞪口呆、半晌才回过神来的老板问道。

"是这样的。"乡下来的年轻人说，"一个男士进来买东西，我先卖给他1个小号的鱼钩，然后中号的鱼钩，最后大号的鱼钩。接着，我卖给他小号的鱼线，中号的鱼线，最后是大号的鱼线。我问他上哪儿钓鱼，他说海边。我建议他买条船，所以我带他到卖船的专柜，卖给他长20英尺有两个发动机的纵帆船。然后他说他的大众牌汽车可能拖不动这么大的船。我于是带他去汽车销售区，卖给他一辆丰田新款豪华型'巡洋舰'。"

老板后退两步，几乎难以置信地问道："一个顾客仅仅来买个鱼钩，你就能卖给他这么多东西？"

年轻人回答道："他是来给他妻子买卫生棉的。我就告诉他'你的周末算是毁了，干吗不去钓鱼呢？'"

这个案例生动地告诉我们：顾客的潜在需求是一个很大的市场，只要销售人员能够向故事中的年轻人那样，循循善诱、努力开发，帮助顾客发掘内心深处的需求、不断在顾客心中建立新的购买意愿，可以达到事半功倍、意想不到的效果。

任务 1

揣摩顾客心理

❖【学习目标】

1. 了解顾客购买过程中的心理活动阶段

2. 掌握应对顾客不同的购买动机的方法

3. 针对不同性别、不同年龄层的顾客心理差异接待顾客

❀【任务描述】

营业员小王在柜台前，每次看到顾客都会马上过去迎接，热情地问："有什么可以帮您的吗？"通常情况下，顾客都会客气地说"不用"，然后看他一眼之后走开。营业员小王想不明白，为什么自己礼貌热情地招呼顾客，却收效甚微呢？

动动脑? 同学们，营业员小王的做法有什么问题？正确的做法又是什么呢？

❀【任务学习】

世界上的消费者成千上万，各有各的个性特点，各有各的生活习惯，顾客的年龄、性别、职业方面都存在着差异，所以他们的购买心理是各不相同的。作为营业员要想使顾客购买你的商品，就必须"知己知彼，百战不殆"，掌握常见的顾客购买心理。

一、顾客购买过程的心理活动

（一）注意

顾客进店后，其反应主要表现在：环视店堂及所陈列的商品，在陈列的商品中寻找自己满意的商品；将视线投向营业员，希望能得到对该商品的介绍。

在这个阶段，营业员应该特色鲜明：

1. 整肃职业仪表，使顾客产生良好的印象。

2. 店堂环境、商品陈列要整洁、美观，重点突出。

3. 当顾客停留在货架前看商品时，要主动打招呼以稳住顾客。

（二）兴趣

当顾客对商品产生注意后，就应诱发其兴趣，这时的顾客表现在：开始向营业员提问、咨询；要求看样品、看介绍资料；询问价格。

在这个阶段，营业员应该耐心诚恳：

1. 态度和蔼，有问必答，让顾客满意。

2. 柜台销售的要勤出样品展示，开架销售的则要介绍产品并倾听反映。

3. 根据顾客的喜好深入介绍一些商品，只要在较大程度上迎合了顾客的要求，才能引起其兴趣。

（三）联想

联想是指由此事物想到彼事物的心理活动。这时候的顾客会看到商品产生想法，咨询内容从产品本身转向其他有关问题。

在这个阶段，营业员应该大胆引导：

1. 察言观色，主动介绍顾客感兴趣的商品或其他型号的商品，尽量引起顾客购买这种商品的慢快联系。

2. 应用照片、报纸、商品资料等强调该产品的优点等。

3. 让顾客能触摸或试用这些商品。

（四）欲望

随着联系的深入，顾客便会产生购买欲望。这种欲望主要表现为：激动、表情略为紧张；对商品及营业员的眼神真挚；态度趋向积极，把商品反复挑选、比较。

在这个阶段，营业员应该积极主动：

1. 抓住时机，进一步介绍顾客关心的问题。

2. 举实例强调购买这种商品可获得的利益，进一步促进顾客购买的欲望。

（五）比较

顾客在商品丰富的空间里，一般还要做进一步地选择。这种选择是从比较的角度来评判商品：比较同类商品的质量、花色、价格、用途、功能；以不信任的口吻评价商品的某些方面。

在这个阶段，营业员应该不急不躁：

1. 做同类商品的比较说明，强调购买这种商品可获得的利益，但忌批评别人的商品。

2. 适当地回答顾客的问题，如价格公道等，消除顾客的疑虑心理。

3. 促成顾客决意购买，使买卖成交。

（六）决定

这个阶段是购买过程的最高点。如：顾客购买大件耐用商品，主要担心购买时和购买后的问题，是否能够分期付款？是否送货上门？售后服务是否完善？

在这个阶段，营业员应该使顾客真正满意：

1. 阐明商品值得购买的原因。

2. 说明本企业的信誉及售后服务。

3. 替顾客设想售后运输、安装、维修等问题。

（七）购买

这是顾客购买过程的终点，主要表现为：顾客付款，营业员包装、收款、找零。此时，营业员要周到服务，让顾客把"满意感"保持下去。顾客离店（柜），要有礼貌地向顾客道别，衷心地感谢顾客的惠顾。

（八）满足

顾客购买后的满意和不满意感。

顾客购买的心理活动过程的发生、发展和完成大体上分为以上八个阶段。但不同类型的顾客的心理在某阶段有飞跃或停滞，这是由顾客的个性特点和购物环境决定的。营业员应该依人、依时、依地对具体情况做灵活的销售服务。

二、不同顾客的购买动机

在实际购买活动中，顾客购买商品的心理活动是非常复杂的，其需要和欲望是多方面的，因而形成了多种多样的具体的购买动机。

（一）求"实"的购买动机

以追求商品的实际使用价值为主要特征，这种动机的核心是"实惠"、"实用"。注重商品的功能、质量和实际等效用，不强调商品的式样、色调、品牌包装等。

（二）求"新"的购买动机

以追求商品的新潮入时为主要特征，这种动机的核心是："时髦"、"奇特"。注重商品的款式、造型、新颖、流行，不注重质量、实用性、价格。

（三）求"名"的购买动机

以追求名牌为主要特征，这种动机的核心是："炫耀"、"显贵"。注重商品的商标、品牌、档次及象征意义，以品牌来显示自己的身份和地位，不考虑价格和实际使用价值。

（四）求"美"的购买动机

以追求商品的艺术欣赏价值为主要特征，这种动机的核心是："美感"、"艺术"。注重商品的色彩美、造型美、艺术美以及对人体的美化作用、对环境的装饰作用、对精神的陶冶作用，不注重实用价值。

（五）求"廉"的购买动机

以追求商品价格低廉为主要特征，这种动机的核心是："价廉"、"经济"。注重商品的价格，对价格的变化反应特别敏感，对处理价、优惠价、特价、折扣价的商品特别感兴趣，不注重商品式样、花色、质量。

（六）求"便"的购买动机

以追求购买过程简便、省时为主要特征，这种动机的核心是："快捷"、"省事"。这类顾客具有很强的时间观念和效率观念，希望尽可能简单、快速地完成交易，对商品本身不太挑剔。

（七）"惠顾"的购买动机

以表示信任、感激为主要特征。顾客由于某种原因对特定商店、特定商品品牌，或对某些销售人员产生特殊的好感、信任，从而习惯地、重复地光顾。

（八）"嗜好"的购买动机

以满足个人特殊爱好或兴趣为主要特征。这类顾客大多出于生活习惯或业余爱好、生活环境等，对商品有着丰富的知识和很强的鉴赏力，他们的购买行为取决于个人的嗜好，具有理智性、指向性、稳定性和持久性等特点。

三、不同性别顾客的心理差异

（一）女性顾客的购买心理

据统计：女性顾客，占中国人口的 48.7%，对消费活动影响较大的中青年妇女，占人口总数的 21%。女性顾客群体数量庞大，是大多数购买行为的主体；而且，女性顾客在家庭中同时担任女儿、妻子、母亲、主妇等多种角色，她们不仅为自己购买所需商品，也是大多数儿童用品、老人用品、家庭用品的主要购买者。由此可见，女性顾客在整个社会总体消费比重占绝大多数，是非常重要的顾客。

1. 注重商品的外表和情感因素

女性顾客对商品外观、形状，特别是其中表现的情感因素十分重视，往往在情感因素作用下产生购买动机。商品品牌的寓意、款式、色彩产生的联想，商品形状带来的美感或环境气氛形成的温馨感觉等，都可以使女性顾客产生购买动机，有时是冲动型购买行为。购物现场的环境和销售人员的讲解和劝说，在很大程度上也会左右女性顾客的购买，有时甚至能够改变她们之前已经做好的消费决定，使其转为购买促销的产品。

2. 注重商品的实用性和细节设计

女性顾客心思细腻、追求完美，购买的商品主要是日常用品和装饰品，如服装、鞋、帽等。因此，通常会花费更多的时间在不同厂家的不同产品之间进行比较，更关心商品带来的具体利益。同样的产品比性能，同样的性能比价格，同样的价格下比较服务，甚至一些小的促销礼品和服务人员热情的态度都会影响女性顾客的购买决定，这就要求商家对产品的细节做到尽善尽美，避免显而易见的缺陷。

3. 注重商品的便利性和生活的创造性

目前我国中青年女性就业率较高，城镇高于农村。她们既要工作，又要做家务劳动，所以迫切希望减轻家务劳动量，缩短家务劳动时间，能更好地娱乐和休息。为此，她们对日常消费品和主副食的方便性有着更强烈的要求。新的方便消费品会诱使女性顾客首先尝试，富于创造性的事物更使女性顾客充满热情，以此显示自己独特的个性。

（二）男性顾客的购买心理

男性顾客相对于女性顾客来说，购买商品的范围较窄，一般多购买"硬性商品"，注重理性，较强调阳刚气质。其特征主要表现为：

1. 注重商品质量、实用性

男性顾客购买商品多为理性购买，不易受商品外观、环境及他人的影响。注重商品的使用效果及整体质量，不太关注细节。

2. 购买商品目的明确、迅速果断

男性顾客的逻辑思维能力强，并喜欢通过杂志等媒体广泛收集有关产品的信息，决策迅速。

3. 强烈的自尊好胜心，购物不太注重价值问题

由于男性顾客本身所具有的攻击性和成就欲较强，所以男性顾客购物时喜欢选购高档气派的产品，而且不愿讨价还价，忌讳别人说自己小气或所购产品"不上档次"。

在考虑性别因素时，有两点需注意：

第一，是商品的"性别属性"，即商品本身的性别差异。譬如说，口红当然是针对女性市场，领带当然是针对男性市场。商品的性别差异不可避免地影响营销策略，尽管你可以想办法鼓励男人买口红送给女朋友，或鼓励女人买领带送给男朋友，但这只能作为一种拓展市场的权宜之计，口红和领带的主要营销策略仍需专门针对使用者的性别而制定。

第二，是市场的"性别属性"，即市场本身的性别差异。许多商品，譬如说一张信用卡，其实是"中性"的。为一项"中性"商品制定营销策略，必须考虑市场的性别差异。例如在一个职业妇女迅速增加的都市里，女性市场显然是一个极具潜力的市场，应给一些"中性商品"贴上"女性"标签，例如强调小型汽车适合女性驾驶等等。

四、不同年龄层顾客的心理差异

事实表明，不同年龄的顾客在对同一件商品的选购过程中往往会表现出不同的心理状态。因此，营业员为了向顾客提供优质高效的服务，必须了解形形色色的顾客在购买过程中的心理特征，从而使自己的服务更能迎合顾客的需求心理。

（一）老年顾客的购买心理

1. 喜欢购买用惯了的商品，对新产品常持怀疑态度，很多情况下是在亲戚朋友的推荐下才去购买未曾使用过的某种品牌的商品。

2. 购买心理稳定，对商品、品牌的忠实度高。长期的消费会形成比较稳定的购买态度和消费方式，对某一商品、品牌的偏爱一旦形成，就不会轻易改变。

3. 希望购买质量好、价格公道、方便舒适、结实耐用、售后服务有保障的商品。操作简单，说明书和价格标签清晰明了；同时，手续简洁、服务周到也会增加老年顾客的满意程度。

4. 购买时动作缓慢，挑选仔细，喜欢问长问短，对营业员的态度反应也非常敏感。

（二）中年顾客的购买心理

1. 中年顾客正处于人生的成熟阶段，他们大多生活稳定，情绪反应一般比较平稳，很少受外界环境的影响。购物时，不再注重个性和时尚，比较理智，尊重传统，建立和维护与自己所扮演的社会角色相应的购买方式和购买内容；对新产品缺乏足够的热情，一般不轻易改变已形成的购买习惯。

2. 大多数人处在中年阶段时，上有老下有小，负担较重，所以购买行为具有很强的计划性和目的性。因为具有很强的储蓄意愿，所以购买行为具有一定的保守性。更愿意选择便利、耐用的产品。

3. 在消费时大多懂得经济合理、量入为出的消费原则，求实、节俭的心理较强。在进行购买决策时，更关注商品的实际效用、价格合理以及外观与商品的统一性。

4. 购买的大多数是家庭用品，购买数量非常大，而且注重品牌，购买的商品大多具有针对性，对保健产品情有独钟；选购商品时，比较注重功效和质量。

（三）青年顾客的购买心理

1. 青年顾客的特点是热情奔放、思想活跃、富于幻想、喜欢冒险，这些特点反映在购买心理上，就是追求时尚和新颖，喜欢购买一些新的产品，尝试新的生活。在他们的带领下，消费时尚也就会逐渐形成。

2. 青年顾客的自我意识日益加强，强烈地追求独立自主，在做任何事情时，都力图表现出自我个性。这一心理特征反映在购买行为上，就是喜欢购买一些具有特色的商品，而且这些商品最好是能体现自己的个性特征，对那些一般化、不能表现自我个性的商品，他们一般都不屑一顾。

3. 青年顾客由于人生阅历并不丰富，对事物的分析判断能力还没有完全成熟，他们的思想感情、兴趣爱好、个性特征也还不完全稳定，容易感情用事，产生冲动性购买。在选择商品时，感情因素占了主导地位，往往以能否满足自己的情感愿望来决定对商品的好恶，只要自己喜欢的东西，一定会想方设法，迅速做出购买决策。

（四）少儿顾客的购买心理

1. 由于少年儿童的购买能力还没有完全独立，在购买商品时，往往缺少自己的主见，因此，他们表现出很大的依赖性，而且年龄越小，依赖性越大。他们只知道要这样购买商品，而不考虑为什么要如此购买。这时的老师、父母对他们的购买决策有着重要的影响。

2. 少年儿童没有太多的生活知识和经验，不熟悉购物活动，缺乏选购能力，而内心却有着较强的购物欲望，尤其受到电视媒体的影响，或看到同伴拥有了某种物品，所表现出的欲望就更为强烈。因此，在购物时，少年儿童在琳琅满目的货价前表现出犹豫不决、捉摸不定、左顾右盼等不稳定的复杂的心理活动，并在很大程度上受外界影响的调节和支配。

3. 少年儿童具有天真的心理特点，他们纯情、幼稚、有童话般的幻想色彩，因此，他们在购物时也就表现出天真好奇的消费心理。他们的需求标准往往是成人所难以理解的。少年儿童对外界事物的认识主要是直观表象的形式，缺乏逻辑思维。他们只从商品的直观印象上而不注意商品的品牌和生产厂家以及比较商品的质量和性能等。

❀【知识拓展】
如何诱导顾客说话

接近顾客是为了诱导顾客开口说话，为接下来的销售搭建一个良好关系的平台。诱导顾客说话的有效方法有以下几种：

（一）特价诱导法

特价诱导法的要点是利用价格因素去吸引顾客。例如：

"小姐，您运气真好，我们正在搞活动，这套衣服现在打8折！"

"现在店庆活动，所有商品都买一送一，很划算的！只进行3天，今天是最后1天了。"

"这种款式的鞋因为断码了，所以打3折，原来一直都卖500多元呢！"

通常顾客在选择商品时，都会考虑到价格，会翻看价格牌。因此，如果商品有打折优惠的话，你可以直接告诉顾客；如果没有，你也可以告诉顾客何时有优惠或酬宾活动。假如顾客被吸引，那么就有了销售的机会，可以继续与其对话，了解其需求。

（二）激励诱导法

激励诱导法的要点是通过介绍商品的优点去吸引顾客。例如：

"小姐，您眼光不错，这款床上7件套铺在床上显得很有档次！"

"您眼光真准，这个系列的产品是最受欢迎的！上个月卖得脱销，这星期补的货才刚刚到！"

"这是最新型的商品，无论从外形上、材料上还是功能上，都比其他同类商品要出色！"

（三）赞美诱导法

赞美诱导法的要点是发现顾客的优点，并且由衷地去赞美。例如：

"这是您的女儿吧，真可爱，好乖，您真会教育孩子！"

"小姐，您的发型很漂亮，很配您！在哪儿做的？"

这样的问题看起来和销售没有任何关系，但是它可以有效地拉近彼此的距离，而且人都是需要赞美和欣赏的，这样的开场白可以使顾客在感到开心之余，放松自己的状态，接下来和顾客之间的沟通就会更加顺畅。

【任务分析】

换位思考一下，作为顾客我们什么情况下才会真的需要营业员的帮忙呢？——只有在自己碰到困难的时候！这个困难可能是因为找不到商品造成的，也可能是由于其他特殊原因造成的。总之，营业员如果想直接和顾客展开对话、询问顾客的需求的话，那就大错特错了。

对于案例中的情景，营业员小王应该先给顾客一段时间浏览商品，这样做是为了给顾客一个自由的环境，同时也给自己一段观察顾客的时间。当顾客表现出对商品感兴趣的信号时，根据不同情况，再灵活地运用销售技巧接待顾客。

【任务实训】

1. 训练名称：接待顾客——分析顾客心理。

2. 训练内容：分组进行角色扮演，根据教师准备的案例资料，学生分别扮演营业员和顾客，模拟顾客接待工作。要求每位同学根据案例，总结发言并交流学习。

3. 训练时间：30 分钟。

4. 训练要求及设施：提供柜台，模拟销售场景以及案例资料等。

5. 评分标准：如表 4-1 所示。

表 4-1　　　　　　　　　接待顾客及分析顾客心理考核评价表

评价内容	小组自评		小组互评		教师评价	
1. 是否准确地把握顾客购买过程的心理活动阶段	是	否	是	否	是	否
2. 是否准确地分析出顾客的购买动机	是	否	是	否	是	否
3. 是否准确地把握男性顾客的购买心理	是	否	是	否	是	否
4. 是否准确地把握女性顾客的购买心理	是	否	是	否	是	否
5. 是否准确地把握不同年龄层顾客的购买心理	是	否	是	否	是	否
6. 是否热情、主动、积极地接待顾客	是	否	是	否	是	否
成　绩						

任务 2

运用沟通技巧

【学习目标】

1. 了解沟通及沟通的类型
2. 灵活运用沟通技巧接待不同性格的顾客
3. 灵活运用沟通技巧接待不同购买目的的顾客

【任务描述】

营业员小王在知名品牌专柜销售化妆品。当顾客来到柜台前，营业员小王都会熟练地介绍："这是最新推出的美白系列，全新升级……"，"它具有美白与紧致的双重功效，令肌肤白皙透亮……"。可是通常情况下，还没等营业员小王说完，顾客就会客气地说一声"哦"便离开。营业员小王不明白为什么会这样？

动动脑？ 同学们，营业员小王面对所有的顾客都说一样的话，他认为"顾客都是一样的"，这种想法是不对的，那正确的做法是什么呢？

【任务学习】

作为营业员，每天都要接待各种各样的顾客，能否使他们高兴而来，满意而归，关键是采用灵活多样的沟通技巧，以满足各种不同类型顾客的需求。

一、沟通的概念

沟通是人与人之间、人与群体之间思想与感情的传递和反馈的过程，以求思想达成一致和感情的通畅。

认识沟通的概念，要掌握三点：

1. 沟通是意义的传递。
2. 只有有效的沟通才能让双方准确理解信息。
3. 沟通是一个双向的、互动的反馈和理解过程。

二、沟通的类型

沟通分为语言沟通和非语言沟通。在日常销售工作中，营业员要将语言沟通和非语言沟通结合起来，才能实现最有效的沟通。

（一）语言沟通

语言是一定社会约定俗成的符号系统。人们运用语言符号进行信息交流，传递思想、情感、观念和态度，达到沟通目的的过程，叫做语言沟通。语言沟通是人际沟通中最重要的一种形式。语言沟通又分为口头言语沟通和书面沟通。

（二）非语言沟通

人们不仅通过他们说什么和怎么说进行沟通，而且还通过姿势、手势、面部表情、触摸，甚至他们站的与别人有多近进行沟通。非语言沟通主要指说和写之外的信息传递，包括手势、身体姿态、音调（副语言）、身体空间和表情等。

表情：人们通过表情来表达自己的情感、态度，也通过表情理解和判断他人的情感和态度，学会辨认表情所流露的真情实感，是人类社会化过程的主要内容。

眼神：俗话说，眼睛是心灵的窗户。可见，眼神被认为是表达情感信息的重要方式。在人际沟通中，目光接触往往能够帮助说话的人进行更好的沟通。眼神的功能主要有注意、劝说、调节和表达情感。

身体语言和身体动作：在日常生活中，我们也经常采用身体姿势或身体动作来与别人交流信息、传达情感，比如，摆手表示制止或否定、搓手或拽衣领表示紧张、拍脑袋表示自责、耸肩表示不以为然或无可奈何、触摸也能表达一定的情感和信息，因而也常被人们用作沟通的方式，但是身体的接触或触摸是受一定社会规则和文化习俗限制的。

服饰：我们从服装的质地、款式、新旧上往往可以看出一个人的身份、地位、经济条件、职业线索和审美品位等，这说明服饰也在为沟通者传达着信息，也可以起到交流的作用。

讲话风格：有声语言包括许多社会符号，它在沟通过程中起着重要作用，它告诉我们在什么背景下什么人在对什么人说什么。社会符号也告诉我们许多有关群体成员关系的信息，例如社会阶层、种族、性别、年龄等。

人际空间：人与人之间的距离也是表露人际关系的"语言"，也能传递大量的情感信息。通常亲密则相互之间具有较近的人际距离，疏远则相互之间具有较远的人际距离。

三、沟通的过程

沟通是一个复杂的过程，任何沟通就跟发短信息一样，是暂时将信息传递到顾客的过程。简单来说，沟通的过程就是：

1. 沟通主体：也就是营业员，指发出信息的人。

2. 传递信息：营业员将需要销售的产品信息通过如宣传单、语言、图表、照片、手势等渠道传递给顾客，让顾客了解产品。

3. 顾客理解：顾客将渠道中的信息变成自己的理解。

4. 反馈：顾客将其理解的信息感受再传递给营业员，营业员对反馈的信息加以理解和修正。

四、不同性格顾客的沟通技巧

（一）从容不迫型的顾客

顾客特征：严肃冷静、遇事沉着，不易为外界事物和广告宣传所影响。他们对营业员的建议会认真聆听，有时还会提出问题和自己的看法，但不会轻易做出购买决定。他们对于第一印象恶劣的营业员绝不会给予第二次机会。

沟通技巧：营业员必须非常熟悉产品的特点，谨慎地运用层层推进引导的方法，多方分析、比较、举证、揭示，使顾客全面了解利益所在。对于这类顾客而言，营业员的介绍和建议只有经过对方理智的分析和思考后，才有可能被顾客接受。因此营业员若不拿出有力的事实依据或缺乏耐心地说服讲解的话，是不能打动他们的。

（二）优柔寡断型的顾客

顾客特征：这类顾客对于是否购买某件商品通常犹豫不决，即使决定购买，也会对商品的品种规格、式样花色、销售价格等方面反复比较，难于取舍。他们外表温和，内心却总是瞻前顾后、举棋不定。

沟通技巧：营业员首先要做到不受对方影响，切忌急于求成。要冷静地诱导顾客表达出所疑虑的问题，然后根据问题做出说明。必要时，亲自做示范，还要鼓励顾客亲手触摸、操作，以消除其犹豫的心理。等对方确已产生购买欲望后，不妨采取直接的行动，促使对方做出决定。

（三）自我吹嘘型的顾客

顾客特征：喜欢自我吹嘘，虚荣心很强，总在别人面前炫耀自己见多识广，高谈阔论，不肯接受别人的劝告。

沟通技巧：与这类顾客打交道的要诀是以顾客熟悉的事物寻找话题，适当利用请求的语气。在这种人面前，营业员最好是当一个"忠实听众"，津津有味地聆听，不时给予赞同的回应，且表现出羡慕钦佩的神情，彻底满足对方的虚荣心。这样一来，可以极大地赢得他的好感。

（四）豪爽干脆型的顾客

顾客特征：乐观开朗，不喜欢婆婆妈妈、拖泥带水的做法，决断力强，办事干脆豪爽，说一不二，慷慨坦直，但往往缺乏耐心，容易感情用事，有时会轻率马虎。

沟通技巧：和这类顾客交往，营业员必须掌握火候，介绍时干净利落，简明扼要讲清你的建议，事先清楚交代买还是不买，不必绕弯子，对方基于自身的性格特点和所处场合，肯定会干脆爽快地给予答复。

（五）喋喋不休型的顾客

顾客特征：喜欢凭自己的经验和主观意志判断事物，不易接受别人的观点。一旦开口便会滔滔不绝，没完没了，虽然口若悬河，但常常离题万里。

沟通技巧：和这类顾客交往时，营业员要有足够的耐心和控制能力，利用该顾客叙述评论兴致正高时引入话题，使之围绕商品而展开；一旦进入正题，营业员就可以任其发挥，直至顾客接受商品为止。要注意的是，当顾客情绪激昂、高谈阔论时要给予合理的时间，切不可在顾客谈兴正高时贸然制止，否则会使顾客产生怨恨。

（六）沉默寡言型的顾客

顾客特征：稳健老成、从容不迫，对营业员的宣传虽然认真倾听，但反应冷淡，不轻易谈出自己的想法，其内心感受和评价如何，外人难以揣测。

沟通技巧：对这类顾客，营业员不应该讲得太多，尽量使对方有讲话的机会和体验的时间，进行面谈时要循循善诱，着重以逻辑引导的方式，详细说明产品的使用价值和利益所在，并提供相应的权威资料和证明文件，供对方分析比较，加强其购买的信心和购买欲望。

（七）吹毛求疵型的顾客

顾客特征：怀疑心重，多半不易接受他人的意见，一向不信任营业员，片面认为营业员只会夸张地介绍商品的优点，而尽可能地掩饰缺点，如果相信营业员则可能上当受骗；喜欢鸡蛋里挑骨头，一味地唱反调、抬杠，争强好胜。

沟通技巧：营业员要采取迂回战术，先与其交锋几个回合，但必须适可而止，最后宣布"投降"，称赞对方独具慧眼、体察入微，让其吹毛求疵的心态发泄之后，再转入正题。营业员一定要注意满足对方争强好胜的习惯，请其批评指教，发表他的意见和看法。

五、不同目标顾客的沟通技巧

（一）购买目标明确的顾客

顾客特征：这类顾客知道自己要买什么东西，外在表现明显，可以通过走路方式、眼神、面部表情、说话的声音来辨别。购买之前，对商品的性能、质量等已心中有数，并希望尽快购买商品。进店之后，马上开始寻找想买的商品。

沟通技巧：一般情况下，当营业员把商品拿给顾客时，顾客可能会问几个问题，然后就会付款。作为营业员，对此种商品应当比顾客有更详细的了解，以便解答顾客提出的问题。同时，营业员要注意倾听顾客在说什么，对他们的意见要有赞同的表示，因为这类顾客都喜欢营业员耐心地听完他们对商品的评价。

（二）购买目标不明确的顾客

顾客特征：这类顾客还没下定决心要买什么东西，购买经验不足，总担心买错商品，所以在选择商品时往往表现出犹豫不决。他们愿意听从别人的建议，希望得到别人的帮助，对商品从不挑剔。

沟通技巧：遇到这类顾客，营业员有责任帮助他们做出选择。营业员应先问清楚顾客对商品的要求、用途，喜欢什么样式、颜色等，然后就也可以推荐几种可能令他们满意的商品。但要注意，推荐的商品不能过多，使得顾客眼花缭乱，更难做出选择。如果顾客不喜欢推荐的商品，那么应该继续帮助他们挑选，直到顾客满意为止。

（三）随意浏览的顾客

顾客特征：这类顾客多是为了消磨时间，随便闲逛，不知道想买什么。也许他很长时间没有逛商场了，想看看新鲜。但不管怎样，他们是不会无缘无故地跑到商场里来的。

沟通技巧：遇到这类顾客，营业员不要不理不睬，要欢迎他们进来转转，还可以介绍一些他们感兴趣的东西，使他们有宾至如归的感觉。营业员要学会认真地观察顾客，如果顾客拿起某种商品，对它显示出兴趣，并且四处寻找营业员，这时营业员就应该赶快接近，并简单介绍。只要营业员有足够的耐心，他们通常都会变成购买者。

【知识拓展】

有效的倾听技术

听与倾听是完全不同的。听，只是对声波振动的获得，而倾听则是弄懂所听到的内容的意义，它要求对声音刺激给予注意、解释和记忆。

下面 8 种行为与有效的倾听技术有关：

1. 保持目光接触。与别人交流时保持目光接触，别人总是通过观察你的眼睛来判断你是否在倾听。

2. 展现赞许性的点头和恰当的面部表情。有效的倾听者会对所听到的信息感兴趣，那么，通过你的动作和表情把你的兴趣表现出来吧。

3. 避免分心的举动或手势。在倾听时，应该尽量避免看表、心不在焉地翻阅文件、乱写乱画等动作，这样会使说者认为你对他讲的话题不感兴趣，也会使你的精力不集中。

4. 提问。在倾听时进行提问，可以使自己更准确地理解内容，还会增强交流者双方的互动。

5. 复述。用自己的话重复所听的内容，既可以使自己的注意力集中于交流内容上，也可以检验自己对所听内容理解的准确性。

6. 避免打断说话者。在别人说话时尽量耐心听，等别人说完了自己再说。

7. 不要多说。大多数人都乐于滔滔不绝地表白自己，而忽略了别人，有效的倾听者应该能够克制自己，多听别人说的，而自己少说。

8. 自觉转换听者与说者的角色。虽然有效的倾听者应该全神贯注于说者所表达的内容，但有效的倾听者不应该只顾着自己的角色，而应该能够做到从说者到听者再回到说者的角色转换十分流畅。

【任务分析】

营业员小王没有正确区分顾客的类型，没有对不同类型的顾客分别采取不同的应对方法，一味地要求顾客购买，直接导致了销售的失败。

正确的做法是营业员应该判断顾客属于什么性格、有什么购买目的。根据这种类型人的性格特征，营业员采取对应的沟通技巧销售商品。此外，还要特别注意与顾客沟通的态度、方式和表情，善于解答顾客心中的疑虑，只有了解和把握住对方的心理状态，才能确保销售过程中不至于冷场或中断。

【任务实训】

1. 训练题目：接待顾客及分析顾客的性格类型。

2. 训练内容：分组进行角色扮演，根据教师准备的案例资料，学生分别扮演营业员和顾客，模拟顾客接待工作；并要求每位同学根据案例，总结发言并交流学习。

3. 训练时间：30 分钟。

4. 训练要求及设施：提供柜台，模拟销售场景以及案例资料等。

5. 评分标准：如表 4-2 所示。

表 4-2　　　　接待顾客及分析顾客的性格类型考核评价表

评价内容	小组自评		小组互评		教师评价	
1. 是否准确把握沟通的类型	是	否	是	否	是	否
2. 是否准确把握非语言沟通的形式	是	否	是	否	是	否
3. 是否准确分析出顾客的不同性格类型	是	否	是	否	是	否
4. 是否准确分析出顾客的不同购买目的	是	否	是	否	是	否
5. 是否灵活运用应对的沟通技巧	是	否	是	否	是	否
6. 是否热情、主动、积极地接待顾客	是	否	是	否	是	否
成　绩						

任务3

做好柜台接待

【学习目标】

1. 了解柜台接待的过程
2. 运用正确的方法应对柜台接待过程中的不同阶段

【任务描述】

营业员小王对新品精心地进行布置。这天，一位顾客走进来对营业员小王说："请问，你们橱窗里的模特手里拿着的那个雨伞真好看，这里有卖的吗？"营业员小王看了看漂亮的橱窗，回答："不好意思，我们是卖衣服的，那把伞只是一个装饰而已。"顾客悻悻而去。

动动脑? 同学们，营业员小王在展示商品的时候，有哪些不恰当的做法？

【任务学习】

接待顾客是一门艺术。营业员在接待顾客时，要十分讲究接待的方式方法，把主动、热情、耐心、周到的服务要求，贯穿在整个接待过程中，让顾客满意。

一、等待时机

在顾客尚未临柜的等待时机阶段，营业员应随时做好迎接顾客的准备，无论顾客什么时候进来，都可以为顾客提供最好的服务。

准备工作包括物质准备和精神准备：

1. 站立的姿势要正确。两脚分开，身体重心在两脚中间。女营业员双手轻握放在身前或柜台上，男营业员双手放在身后或垂在身体两侧。下颌微收，目光平和，面带微笑，正面看向顾客，随时观察顾客的一举一动。

2. 站立的位置要合适。营业员站立的位置是以能够照顾到自己负责的柜台，并容易与顾客做初步接触的位置为宜。在柜台里，一人站中间，两人站两边，三人站成一条线。

3. 物质准备要充分。每个营业员在接待顾客前一定要做好一系列的物质准备，包括整理与补齐商品，准备好各种销售用具，搞好柜台货架卫生。

4. 精神准备要贯注。每个营业员要以饱满的精神、文雅的仪表、整洁的服饰、文明的举止时刻做好接待顾客的准备。一旦进入工作岗位，就要精神集中，全心投入到工作中去。

二、接近顾客

营业员与顾客打招呼，主动接近顾客，就标志着接近的正式开始。如果迎客成功，销售就成功了一半。

（一）接近的适当时机

选准接近时机很重要，抓住最佳的接近时机，才能获得较好的效果。营业员不可能完全准确地摸透顾客的心理变化状态，所以，掌握接近时机，只能从顾客行动与态度来判断。

1. 当顾客长时间凝望某一商品时。

2. 当顾客将商品拿在手上翻看，或是用手去触摸商品表面时。

3. 当顾客注视商品后，抬头看向营业员时。

4. 当顾客突然停下脚步时。

5. 当顾客在柜台前，用眼睛在搜寻时。

6. 当顾客与营业员的目光相碰时。

此时，营业员先和顾客打招呼，表现出的就是礼貌待客之道，会给顾客留下好的初步印象。

一般来说，选择性较大的商品或价值较高的商品，顾客需要长时间察看与思考，不宜接触过早；而日常生活用品或价钱比较便宜的商品，顾客经常购买，营业员应尽早做初步接触。另外，男性顾客相对于女性顾客，中年顾客相对于青年顾客，不大容易产生紧张心理，早些接触，不会引起顾客情绪的变化。

（二）接近的方法

营业员在顾客临柜时，应以欢迎的态度去主动接近顾客，向其问候，这是建立人际交往关系的重要一步。

1. 打招呼法。主动同顾客打招呼，以表示对顾客的欢迎，如"您好"、"欢迎光临"、"您想看点什么？"等等。

2. 目光迎接法。用友善的目光迎接顾客的到来。让顾客在轻松自由的气氛下，任意观赏。

3. 介绍商品法。通过介绍、演示商品吸引顾客的注意和兴趣，如"您看的这双鞋是今年推出的最新款式"等等。

4. 直接服务法。直截了当地询问顾客要购买什么商品，如"您想要买什么？"或追踪顾客的目光，判定需求，直接拿取商品给顾客。

在运用接近顾客的方法时，不要机械地固定在某一种方法上，要根据不同的情况，区分不同的顾客，选择适当的方法。

三、展示商品

营业员采用一定形式的销售技巧，向顾客展示商品面貌、表现商品特点，帮助顾客了解商品性能，激发顾客购买欲望。

（一）敞开展示

将商品展开或敞开，以展示商品全貌，引起顾客的注意。如：床上用品由于包装折叠不易看到全貌，要打开包装或展开折叠部分，向顾客展示商品造型、款式。

（二）器械展示

通过器械或仪器、仪表来显示商品的性能。如：灯具需要电源试亮，光学仪器、电工仪表等类商品需经仪器、仪表检查等。

（三）示范展示

通过营业员示范操作来展示商品。如：多功能食品加工机在销售时，营业员可将食品加工机的切碎、榨汁、切片、切条等功能分别进行操作演示，使顾客真切体验商品功能，产生购买欲望。

（四）表演展示

营业员亲自表演来显示商品性能、质量。如：电子琴等乐器类商品的内在品质，需要通过营业员进行现场演奏才能显示出来；服装类商品可以通过模特表演更为生动形象地展示。

（五）试用展示

请顾客试看、试听、试吃。如：食品类商品可以在不影响其质量的前提下，让顾客试吃、试喝，让商品自己"说话"。

（六）局部展示

展示商品的关键性部位来显示商品质量。如：展示新商品时，着重展示它与旧商品的不同之处、创新之处，来刺激顾客的感官。

（七）拆装展示

通过拆卸、组装商品来展示商品。如：展示玩具类商品时，营业员先把商品的各部分逐项拆解，然后组装。在此过程中介绍商品性能。

需要注意的是，营业员在进行展示，特别是器械展示、示范展示或表演展示时，必须熟练掌握商品的使用方法、操作要领，了解商品性能结构，并能对简单故障进行准确排除。

四、介绍商品

为了使顾客了解商品的特点，便于挑选，促成交易，营业员要主动介绍，既要针对顾客的不同需要做不同的介绍，又要对顾客不熟悉的商品或滞销商品进行热情的宣传介绍。

介绍商品的要求是：方法要恰当，既要顾及全面，又要突出重点。

（一）突出商品特点的介绍

着重介绍商品的特点，如式样、价格、成分等，往往会对顾客产生很大的影响。对品牌商品着重介绍它的产地和信誉，对新上市的商品着重介绍其创新之处，对精密性、技术性高的商品着重介绍它的使用方法和养护知识。

（二）针对顾客不同需求的介绍

营业员应善于观察顾客的心理活动，从年龄、性别、服饰、言谈、举止上去揣摩顾客的购买意图，采用适宜的销售语言，突出不同商品的特点，有针对性地介绍商品。如：有的顾客求便宜，要从经济实惠的角度介绍；有的顾客求美观，就要从流行时尚的角度去介绍。

（三）针对复数顾客的不同意见介绍

顾客往往结伴而来，这些复数顾客有的是实际使用者，有的是影响者，有的是付款者，由于人数多，意见不一致，接待时难度更大。这就要求营业员要注意观察复数顾客之间的相互关系，分清主次，找出商品购买的主要决策者，主动介绍，获取信任。

五、参谋推荐

当顾客对某种商品产生购买欲望后，常常对可供选择的同类商品从各方面进行仔细鉴别。营业员要适时采取一些方法和技巧推荐商品，当好参谋，以促使顾客下决心，尽早实现成交。

1. 阐明商品的使用会给顾客带来某种需要的满足，帮助顾客权衡利弊得失，排除顾客的心理疑虑。

2. 扼要地归纳一下商品的特色和顾客所能得到的益处，概括一下顾客的购买原因，直接建议顾客购买："您看这件商品怎么样？"，"您先选着，我给您开票。"

3. 请顾客在两种商品上做选择，比较一下哪种商品更合心意，促使顾客的注意力从买还是不买转移到买哪种商品上来。

4. 当顾客面对商品的几个缺点犹豫不决时，营业员应及时将商品的优点列举出来，使顾客觉得在优点的比较下，缺点不值一提或可以接受，以取得顾客的信任。

5. 在节假日期间或促销活动时，营业员有意识地对商品的特价、折扣、降价、赠品等进行推介，促使顾客感到机不可失，坚定其购买决心。

6. 主动出示商品的相关证明，如专家的评定、权威机构的认证等，证明商品的功能和质量。

7. 采用价格优惠的办法鼓励顾客迅速做出购买决定，如营业员可在权限范围内在价格上做出让步或赠送礼品等。

要记住，顾客的购买心理是复杂的，是可能随时变化的，所以营业员一定要耐心解释、答复，热情服务，帮助顾客建立购买信心，使顾客满意。

六、商品成交

顾客的购买决定变成购买行为后，营业员要完成：

1. 计量包扎。营业员对顾客选定的商品进行称量、包扎、装袋。要求迅速准确、结实牢固、美观艺术、方便携带。

2. 计价说明。营业员要准确计算货款，并将计价结果报给顾客听，进行必要的说明和解释。

3. 收款唱收。收款员或营业员收款时，坚持唱付唱收。收款，先点收整数，后点收零数。找零，先找尾数，后找整数；并且要复核一次，当面点清。银行卡结算时，要进行验卡、压卡、签单。

4. 核对付货。付货前，营业员要先核对销售小票、收款票据、电脑小票等，再核对商品品名、型号、数量等信息。确认无误后，将商品主动、礼貌地递交到顾客手中。

七、送别顾客

道别是柜台接待的终点，但同时也是树立企业形象，给顾客留下良好印象的重要一环，所以顾客离开柜台时，营业员要有礼貌地送别。

1. 语言送别。顾客离开柜台时，营业员应主动招呼："欢迎再来"、"感谢您的光顾，再见。"

2. 行动送别。顾客离开柜台时，营业员应向顾客点头示意、笑脸相送或陪走到店门口。

❖【知识拓展】

柜台接待中不可忽视的工作——防盗

营业员在日常工作中，除了进行服务与销售外，还应该留心可疑的顾客、可疑的行为，并对一些失窃率高的销售区重点防范。

在实际工作中，营业员由于工作性质的关系，需要站在服务的第一线，与顾客接触最直接、最频繁，所以往往也能在第一时间发现问题。所以，营业员应该充分利用自己的有利条件，协助保安员开展防盗工作。

而营业员的防盗方式不是一对一的盯防。盯着顾客看，跟着顾客走，往往会让顾客感到不自在，感觉到商店对其不信任，不仅不能达到防盗的目的，还会赶走顾客。真正有用的防盗措施包括两方面：一方面不必任何人都盯着不放，而应该有的放矢地对一些重点情况给予留意；另一方面还必须利用其他的有效措施进行多方位的防盗。

对以下这些情况，营业员应该多加留意：

1. 携带小型背包入店内购物的顾客。

2. 死角和多人聚集之处。

3. 留意店内顾客的行为举动，如：顾客是否有撕毁商品外包装、撕毁商品标签、拿了东西就跑的行为。

4. 多人结伴进入商店的顾客。

5. 长时间滞留店内，服装肥大，拎大袋的顾客。

除了人工盯防以外，还应该利用一些有效措施来辅助，可以采取的措施有：

1. 配备商店防盗安全门系统。

2. 设置商店监视系统。

3. 在商店张贴各种警示标语。

4. 给商品贴上防盗标签。

5. 启用商店广播。

另外，还有一些行动上的技巧：

1. 营业员不要对所有人都盯住不放，而应该去留意那些重点情况，例如顾客的行为可疑，顾客的神情古怪等。

2. 当发现可疑顾客时，你要带着微笑向顾客走过去，主动向顾客打招呼，并进行商品整理、清洁或补货等动作，以便引起该顾客的注意，从而防止盗窃的发生。

3. 当发现某顾客有偷盗迹象时，你需要不动声色地跟踪，例如：发现他并没有结账的意思时，可提醒他收银台的位置，如不奏效的话，再作偷窃处理。

✂ 【任务分析】

营业员小王的新品展示，饰物过于抢眼，转移了顾客的注意力，造成了喧宾夺主的后果。另外，如果没有及时展示新品，没能勾起顾客对商店的兴趣，也会影响顾客对门店的印象。营业员小王的做法是因为低估了橱窗的广告效应。

正确的做法是：一是饰物、背景道具，包括模特本身都只是一个陪衬，目的是衬托出商品的特色，突出商品的美感。因此在布置橱窗时，要留意商品是否足够突出，其他物品是否有喧宾夺主的嫌疑。如有不妥，要立即调整。二是应该将新到货品及时展示出来。即使没有新货，也不应该长时间地陈列同一套衣服，这样会使人觉得乏味，没有新鲜感，可以变换其他款式的衣服来展示。

✂ 【任务实训】

1. 训练题目：柜台接待。

2. 训练内容：分组进行角色扮演，根据教师准备的案例资料，学生分别扮演营业员和顾客，模拟顾客接待工作；并要求每位同学根据案例，总结发言并交流学习。

3. 训练时间：30 分钟。

4. 训练要求及设施：提供柜台，模拟销售场景以及案例资料等。

5. 评分标准：如表 4-3 所示。

表 4-3 　　　　　　　　　　　**柜台接待考核评价表**

评价内容	小组自评		小组互评		教师评价	
1. 是否提前做好物质准备和精神准备	是	否	是	否	是	否
2. 是否能抓住最佳的接近时机	是	否	是	否	是	否
3. 是否采取恰当的销售技巧展示商品	是	否	是	否	是	否
4. 是否针对顾客的不同需要介绍商品	是	否	是	否	是	否
5. 是否适时帮助顾客推荐商品当好参谋	是	否	是	否	是	否
6. 是否有礼貌地送别顾客	是	否	是	否	是	否
成　绩						

学会销售操作技术

随着市场经济的发展，市场上商业企业之间的竞争越来越激烈，为了在竞争中立足，企业通过各种途径为顾客提供方便，满足顾客的需求。因此，营业员不仅要有良好的服务态度和服务热情，还必须熟练地掌握销售操作技术以提高销售效率。

【案例导入】

"卖糖"劳模张秉贵

北京百货大楼前蓝立着一位普通售货员的塑像，那就是张秉贵。作为一名优秀的共产党员，他以"为人民服务"的热忱，在售货员岗位上练就了一身过硬的本领。当年，许多外地顾客慕名而来，就是为了要目睹他那令人称奇的技艺和"一团火"的服务精神。

北京百货大楼当时是全国最大的商业中心，客流量大，张秉贵坚持为人民服务的信念，从1955年11月到百货大楼站柜台，30多年的时间接待顾客近400万人，没有怠慢过任何一个人。他认为，"一个营业员服务态度不好，外地人会说你那个城市服务态度不好，港澳同胞会感到祖国不温暖，外国人会说中华人民共和国公民不文明。我们真是工作平凡，岗位光荣，责任重大！"从为国家争光、为人民服务的政治信念出发，他在问、拿、称、包、算、收六个环节上不断摸索，练就了"一抓准"和"一口清"的过硬本领，接待1个顾客的时间从三四分钟减为一分钟。他通过眼神、语言、动作、表情、步伐、姿态等调动各个器官的功能，几乎成了那个时代商业领域的服务规范。

商业服务业的简单操作，被张秉贵升华为艺术境界。

任务 1

拿放商品技术

拿放商品技术，是营业员在售货过程中重要的操作技术。营业员在接待顾客时，能不失时机地、有针对性地将商品从柜架上拿取出来，并配合熟练的展示技巧，将能激发顾客购买欲望，促进其购买行为，从而实现商品销售，提高服务效率

【学习目标】

1. 能够按照商品拿放技术要求拿放商品
2. 会用规范动作为顾客展示商品

✖【任务描述】

　　周明是一名中职学生，一直盼望在假期里可以到商场实习，机会终于来了，学校帮助他联系到了一家商场的鞋类销售区做营业员。可一走进鞋品区他开始有些害怕了，展架上鞋类琳琅满目（如图5-1所示），看得他眼花缭乱；将顾客迎进门后不知从何做起，手忙脚乱推介一阵后却往往看到了顾客怀疑和不信任的表情。一天下来，他筋疲力尽，却连一双鞋都没卖出去。"我说的比别人多，做的也比别人勤，怎么没有效果呢？"卖区长看出了他的焦虑，拿来了"全国劳动模范"、"金履行家"、"百姓参谋"肖妲整理的"鞋品销售规范"让周明学习，耐心细致地教他如何为顾客选鞋、如何为顾客展示鞋品等专业技巧。在随后的几天里，周明结合在学校里学到的知识，虚心向老营业员请教，逐渐进入了角色，销售额也在不断地增加。

图5-1　鞋品专柜

　　动动脑? 同学们，假如你也被分配到商场做营业员工作，该从哪些方面做好准备，才能更快更好地胜任工作？

✖【任务学习】

一、拿放商品技术

（一）商品拿放的一般要求

1. 准确拿放商品

　　准确拿放商品是指营业员通过观察判断顾客的体型和身体状况，根据顾客需求准确地拿放商品的过程。例如，看顾客的脸色、皮肤，准确拿取适合的化妆品；看到顾客的手，准确拿取手镯、戒指等。准确地拿放商品，要求营业员的技能必须过硬，需要有一个知识和经验积累的过程，所以营业员要刻苦学习业务技能，熟练掌握商品知识，不断总结经验，才能准确地拿放商品。

　　2. 轻拿轻放商品

　　轻拿轻放商品是指营业员在为顾客拿放商品时要根据商品的特点、体积大小、贵重程度及质（重）量等，将商品轻轻地摆放到顾客面前。例如玻璃器皿、珠宝首饰、瓷器等商品，由于商品质地较脆，拿放不小心就会破损，因此拿放商品时要轻拿轻放且放平放稳，避免商品破损。对于贵重商品，要将商品摆到托盘或绒布中，轻轻地放到台面上，让顾客观看。轻拿轻放商品也是对顾客的尊重，是现代服务的要求，无论商品价格高低，营业员都应该轻拿轻放，不可扔、摔商品。

3. 双手递送商品

双手递送商品是指营业员在接待顾客过程中，要将商品用双手递到顾客面前或手中。随着社会的进步和消费意识的提升，人们到商场不仅仅是购买商品，购物过程也是一种休闲和精神的享受，双手递送商品满足了顾客的心理需求。双手递送的商品主要有穿戴商品、工艺礼品、贵重商品等。

（二）商品拿取技术

1. 看脚拿鞋技术

营业员在销售鞋的过程中，根据顾客的脚的大小，凭着自己熟练的销售技巧，一看脚型就能准确地拿出适合顾客的鞋。

要掌握看脚的本领，要依靠观察顾客的体型。第一，身高体胖的顾客，脚板肥大；身矮体瘦的顾客，脚板瘦小。第二，要看顾客所穿的旧鞋，鞋面皱褶多，脚面高，其脚必然很瘦；鞋面绷得很紧，其脚必然很肥；如果鞋头翘起很高，其脚必然很大。第三，要观察顾客的手型，手型瘦长一般脚也瘦长；手型短粗，一般其脚也短粗。第四，还要考虑顾客的年龄、性别、职业、生活习惯以及制鞋原料的特性等。如布鞋有伸缩性，可穿紧一点，皮鞋不透气，穿松一点。体力劳动者鞋子宜宽大，脑力劳动者以适合脚最好，还有老年人喜欢柔软、大方、舒适的鞋。售货员应该根据以上特点，通过观察顾客的脚型，迅速准确地拿出适合顾客的鞋。

2. 看头拿帽技术

看头拿帽是营业员通过观察顾客的头型和头围尺寸，迅速准确地拿递帽子给顾客的服务技巧。

要做到准确地看头拿帽，首先要目测准，要熟悉人的头型和帽子的规格。要做到观头型、观年龄。

（1）观头型

一般头型可分为尖型、平顶、前额大、后脑大和圆头等。

（2）观年龄

人的年龄一般要经过三个生理阶段：幼儿阶段，头部变化最快，适宜戴 40~52CM 的帽子；少年阶段，适合戴 53~56CM 的帽子；成人阶段，一般适合戴 57~60CM 的帽子。

掌握以上头型的特点和头部变化规律，结合顾客的购买心理和需求动向，通过观察顾客的头围，就可准确地给顾客拿出适合的帽子。

（3）头围的测定

用皮尺在顾客头部最大部位测量一周，再放大 0.5~1CM。

做到看头拿帽，要注意以下三点：一要熟悉本店经营帽子的规格；二要了解帽子的种类规格，单帽是单数厘米，棉帽是双数厘米；三要勤学苦练基本功，做到目测准确，迅速给顾客拿递适合的帽子。

3. 看体拿衣技术

看体拿衣是营业员在销售服装过程中，根据顾客的体型和爱好，迅速准确地提拿服装的服务技巧。重点掌握以下要领：

（1）必须准确地目测顾客的体型，判断顾客需要的服装规格。

（2）要分析顾客的习惯和爱好，揣摩顾客的需求心理，拿出适合顾客的服装款式。

（3）要善于观察顾客的肤色、年龄、性别、职业等，选择适合顾客心理的服装。

（4）要熟悉掌握我国现行服装型号标准和规格尺码。

（5）要将出售的服装按规格顺序码放整齐，并熟练地把握存放货架的位置，以免拿错规格。

总之，要准确地做到观体拿衣，需要营业员多看、多比较、多演练内功，在实践中不断地总结经验，做到运用自如、得心应手。

二、商品展示的一般要求

1. 主动展示

展示商品往往是与拿放商品技术结合起来完成的。因此，必须把握好时机，主动向顾客展示商品，这样才能博得顾客的信赖，加快成交速度。

2. 掌握技巧

商品用途不一，形状各异，而顾客的购买心理、习惯、爱好等又千差万别，这就要求营业员熟练掌握展示技术，关键要掌握其技巧。

3. 展示全貌

展示商品不仅要让顾客观看商品表面的优点和特点，还要让顾客观看商品内部的性能和特征。也就是说，既要展现商品的重点部位，还要展现商品的全部位。这样，才能使顾客全面地了解商品，对商品产生兴趣和联想，引起购买欲望。

4. 熟练自然

营业员在展示商品时动作优美、协调、利落、敏捷、熟练、自然。要做到这一要求，营业员除了平时坚持按规范要求刻苦演练外，还应善于动脑筋，对工作中好的经验和做法予以不断总结和完善，从而使自己的展示技术真正达到较高的水平。

三、几种常见商品的展示技术

（一）服装类商品的展示技术

1. 上衣的展示

上衣包括：长短大衣、西服、休闲服等。

方法一：营业员双手分别捏住两肩，轻轻一抖，使衣领朝上，正面朝向顾客进行展示，让顾客鉴别挑选，如图5-2所示。

方法二：营业员左手提起衣架，右手扶住衣服，使顾客看清衣服的款式、规格等，如图5-3所示。

方法三：营业员将衣架拿掉，用右手托着衣服的肩袖，左手捏住衣襟提起，将衣服展示给顾客，如图5-4所示。

图 5-2　上衣展示 1　　　　图 5-3　上衣展示 2　　　　图 5-4　上衣展示 3

方法四：营业员将衣服搭在自己肩上，或穿在自己身上，充分利用营业员的人体条件，以自身为模特，形象地展示商品全貌。

有些样式新颖、缝制工艺考究的服装，除了展示前后面，还要展示衣服的里部及其他部位，使顾客看清衣服的式样、花色及衣料的质地和缝制技术。

2. 长裤的展示

方法一：左手提起长裤在腰头，右手捏住靠近裤脚处轻轻展开，放在柜台上展示。

方法二：把裤子搭在左臂上，将右臂抬到适当高度，左手捏住裤脚展示给顾客。

方法三：用双手捏住裤子的腰头，贴在自己的侧腰部，后退在顾客看得清的地方展示，如图 5-5 所示。

（二）鞋类商品的展示技术

展示鞋类商品时，应选拿一只（右脚）鞋进行展示，展示方法如下：用右手捏住鞋底中部两侧，托住鞋底，鞋的前面向着顾客，如图 5-6 所示。然后，用手捏住鞋帮，转向右边，再转向左边，这样便于顾客看到鞋子外表的全部，如图 5-7 所示。最后，把鞋底换在左手，展示鞋底和后跟。通过展示，顾客能够基本了解鞋子的式样和特点。当顾客决定购买后，营业员再拿出另一只鞋，先把鞋尖对齐、朝向顾客，用右手拇指和食指捏住鞋的后内帮，左手微微托住鞋底，请顾客再仔细观看，如图 5-8 所示。

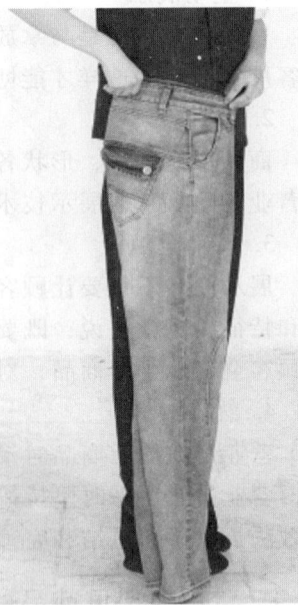

图 5-5　长裤展示

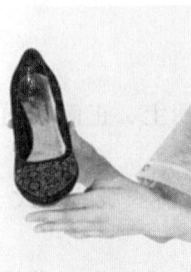

图 5-6　鞋品展示 1　　　　图 5-7　鞋品展示 2　　　　图 5-8　鞋品展示 3

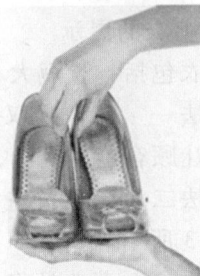

（三）电器类商品的展示技术

家电类商品技术含量高，操作比较复杂，为了让顾客了解商品特点及性能，商品展示常采用终端演示的方法。

终端演示也称为商品演示，是营业员通过对商品进行现场操作，达到使顾客了解商品目的的一种展示商品的方法。现场操作的目的是吸引顾客，刺激顾客的购买欲。

1. 终端演示的操作方法

（1）商品功能演示

通过对商品功能的演示，使顾客了解商品的功能，激发顾客的购买欲望。例如电视机的演示展示，营业员通常会打开卖场中陈列的电视机，通过的顾客能够看到电视的显示效果，当有顾客驻足或询问时，营业员向顾客操作演示电视机的基本功能及特有功能，如上网功能、播放3D影片功能等，如图5-9所示。

图5-9　电视演示

（2）商品效果演示

通过对商品性能的演示，使顾客了解商品的性能和商品使用后产生的效果，从而激发顾客购买欲望。例如，出售空调时，向顾客演示空调的制冷性能，当冷气从空调吹出，使人感到凉爽的时候，空调的性能和使用价值就不言自明了。

（3）使用操作演示

使用操作演示是指营业员将商品的各种功能进行现场操作的演示方法。例如，在出售豆浆机时，营业员用食材在现场操作豆浆机制作豆浆，让顾客品尝，使顾客真切体验商品的功能，从而达到吸引顾客的目的。

2. 终端演示的注意事项

（1）在进行商品演示时，要面向顾客，使顾客看到演示的全过程，使顾客全面了解商品。

（2）要耐心细致地演示商品的操作方法，要给顾客以理解的时间。

（3）要对每个功能都进行演示，对重点功能反复演示，直到顾客弄懂学会。

（4）在用家电商品进行食品制作演示时，演示的前中后都需要做好个人和周围环境的卫生工作，演示的过程中要戴上塑料手套和口罩。

（四）食品类商品的展示技术

食品类商品展示服务常用试用展示法。试用展示法是请顾客品尝商品味道和口感，感触商品质量的一种展示方法。通过让顾客品尝，充分显示商品的优势和特点，博得顾客对商品的信赖。这种方法尤其适用食品行业的新推出产品的展示。

❖【知识拓展】

一、鞋号相关知识

鞋号是表示鞋子的型和号，是鞋子肥瘦和大小的一种标志，通常用型表示鞋子的肥瘦，用号表示鞋子的长短。

1998 年，国家规定的中国鞋号以毫米为计算单位，以 10 MM 为 1 个鞋号、5 MM 为半个鞋号，以表示方法为例："230"说明这双鞋子的长短为 230 MM，但是顾客买鞋子时习惯说多少码，这个码是法国的表示方法，它与中国鞋号的换算关系是：

号数 =（码号+10）/2，例如：（36+10）/2 = 23（CM）= 230（MM）。

常用的鞋码换算，如表 5-1 所示。

表 5-1   **常用的鞋码换算**

鞋码（号）	33	34	35	36	37	38	39	40	41	42	43	44	45
鞋号（MM）	215	220	225	230	235	240	245	250	255	260	265	270	275

中国鞋号的分档：

婴童鞋：90 ~ 125 MM ，小童鞋：130 ~ 160 MM ，中童鞋：165 ~ 195 MM ，大童鞋：200 ~ 230 MM ，成年女鞋：215 ~ 245 MM ，成年男鞋：235 ~ 275 MM 。

二、不同身材顾客的配衣技巧

1. 顾客又高又胖

上衣长一点，颜色中性。身材高大且胖的女士，应尽量选择纵向有条纹图案的面料，服装本身不宜采用过多的装饰物。佩戴的饰物不宜杂乱无章，应集中于一点，给人以强烈的印象。

2. 顾客又高又瘦

面料挺一点，颜色浅。身材高且瘦的女士属于模特体型，能够穿着的服装款式较多。太瘦的女性不应穿紧身衣服和速宽腰带。

3. 顾客又矮又瘦

上衣短，颜色明亮，适合中短裙或短裤，裤型适中。身材矮小且瘦的人给人以小巧玲珑的印象，应穿比较活泼清秀的服装，选用明快的服装色彩，要避免分割类图案，最好穿比较密集的小图案。若想显得比实际身高稍高，应将着装的重点放在使腿部如何显得修长的服装上。可以选择颜色偏浅、质感强、有弹性、松紧适中、款式简洁的服装，而避免选用色泽深沉、质地硬的面料。

4. 顾客又矮又胖

上衣不能太短，也不宜过长，颜色中性偏深，长裤、中裤、中裙。

身材矮小且胖的女士，较适合明快的服装色彩，选择小到中等图案为最佳，避免穿着有繁杂装饰的服装。服装面料应选用薄厚适中、给人以轻快感的材料，还要避免披大图案的围巾。不妨选择质地柔软重坠，花色素雅，腰身适合并有纵向感的服装；而不宜穿质地粗厚，色彩热烈，过于紧身或线条不流畅的服装。

【任务分析】

通过学习，周明知道了"全国劳动模范"、"金履行家"、"百姓参谋"肖妲是大连商场鞋帽业种皮鞋二卖区的卖区长，她有看脚识鞋码的绝活。营业员是联系企业与顾客的桥梁，顾客在购买商品的过程中，购买的不仅是商品本身，还包括服务技术和服务质量。因此，作为一名营业员，需要勤学苦练基本功，从基础做起，为顾客提供满意的服务。

【任务实训】

1. 训练题目：营业员拿放展示商品实训。
2. 训练内容：拿放并展示商品。
3. 训练时间：30 分钟。
4. 训练要求及设施：提供拿放商品用的柜台，货架、衣服、食品、小家电等设备。
5. 评分标准：如表 5-2 所示。

表 5-2　　　　　　　　　　营业员拿放展示商品实训评价表

评价内容	小组自评		小组互评		教师评价	
1. 是否能主动热情询问顾客需要什么	是	否	是	否	是	否
2. 能否按顾客需要快速、准确地拿放商品	是	否	是	否	是	否
3. 是否能将拿放的商品展示和介绍给顾客	是	否	是	否	是	否
4. 是否可以将不同的商品展示给顾客	是	否	是	否	是	否
5. 商品展示方法是否得当合理	是	否	是	否	是	否
成　绩						

任务 2

称量商品

称量商品是商品经营中的一项基本技能，能根据顾客需要进行快速的商品称量是营业员工作的基本要求。

【学习目标】

1. 认识不同种类的称量工具
2. 能够进行正确的商品称量

✿【任务描述】

张朝和是著名全国劳动模范、"一团火"精神创始人张秉贵同志之子。1985年调入百货大楼后勤部门。1992年到玩具娱乐品商场销售玩具。1999年8月，百货大楼恢复糖果柜台并命名为"张秉贵柜台"，张朝和按照组织安排，来到父亲曾经工作过的柜台改卖糖果。他先后多次获得商店服务标兵、"张秉贵式营业员"、"一团火服务景观"等称号。

他有和父亲一样的绝活"一抓准"。一次，一位记者为试试他，乔装为一名顾客去买糖，"这4种糖我每样要一点儿，总共买半斤"，记者随手指了指糖果柜台的4种糖。只见张朝和拿起秤盘，迅速从每样糖里抓了几颗，放回电子秤上一称，正好是"0.25千克"。"祝您的生活也像这糖果一样，甜甜蜜蜜。"张朝和一边说一边把包好的糖果递给了记者。

"张秉贵柜台"前每天都有慕名而来的顾客。张朝和用他从父亲身上继承下来的那股精神劲儿，用他那种微笑、热情以及记得清、抓得准、报得明的熟练技艺，让大家重新见到了张秉贵。

动动脑?同学们，作为一名营业员，你该怎么向劳动模范学习呢？

✿【任务学习】

一、认识称量工具和称量商品的计量单位

（一）认识称量工具

1. 弹簧秤

弹簧秤是通过内置弹簧的机械张力来衡量商品重量的一种称量工具，具有使用方便、价格低的特点，如图5-10所示。

2. AGT型案秤

AGT型案秤是通过杠杆平衡原理来称量商品重量的，它的使用比较复杂，但称量精度比弹簧秤高，如图5-11所示。

图5-10　弹簧秤

图5-11　AGT型案秤

3. 电子秤

电子秤的全称是电子计价秤。电子秤是一种称量准确、使用方便的先进计量工具，具有精确度高、计算准确、省时省力和功能齐全等特点，如图5-12所示。

图5-12　电子秤

（二）认识称量商品的计量单位

我国法定质量计量单位有毫克、厘克、分克、克、十克、百克、千克（公斤）、吨。很多地区的顾客习惯使用市斤和市两。

换算关系为：

1公斤 = 2市斤 = 1千克；1市斤 = 500克；1市两 = 50克。

二、称量商品技术

（一）使用电子秤称量商品

1. 开机校验

将电子秤放在水平面上，接通电源，开机，检查各个操作键是否正常，检查电子秤是否处于平衡状态。

2. 放商品

将称量的商品放到秤面上。注意：若需要容器进行称量，要先"去皮"。

3. 输入单价

输入称量商品的单价。输入时要注意重量单位。

4. 显示金额

常用电子秤会在双面显示屏上显示重量及金额。

在现代大型超市中应用的电子秤，具有存储及打印条形码的功能。在称量时，只需按相应快捷键，就可以称量并计算对应商品的金额，并可生成、打印条形码。

（二）电子秤使用时必须注意的问题

1. 经常检查其准确性

在使用电子秤之前应检查其是否符合国家的计量标准，如不符合则坚决不能使用。

2. 严格称量范围

营业人员在使用不同的秤时一定注意掌握其称量范围：电子秤称物重量不得少于5克；案秤称物重量不得少于载重量2千克的1/100和载重5千克、10千克、20千克的1/50；台秤称物重量不得少于最大载重量的1/20。

3. 严格按规范操作

顾客最关心电子秤的准确，如果称量不准确就会导致顾客的抱怨和不满。因此，营业员在称重商品时一定要确保衡量的准确，发现不准及时调整。

4. 注意对电子秤的保养

【知识拓展】

累计称量操作

例如：李先生购买了单价为 6 元/千克的苹果 500 克，又购买了单价为 12.80 元/千克的水果糖 1 000 克，他交给营业员 100 元钱。

营业员的操作过程如下：放上货盘→按"去皮"键→输入苹果单价→放入苹果→按"累计"键→取出苹果→按"置零"键→输入水果糖单价→放入水果糖→按"累计"键→按"找零"键→输入"100"元→按"打零"键→单价窗显示找零"84.20"元→按"清除"，完成接待顾客。

【任务分析】

张朝和为了继承父亲"一抓准"和"一口清"的绝活，到处取经，苦练基本功。在食品厂，他跑过去一蹲就是大半天，花色、口味、原料配比、营养价值……全问个底儿掉。他大兜大兜地买回各种糖果，找秤回家练"抓"功，时间长了，指尖都"抓"出了老茧。

平凡的营业员工作岗位一样能够成就一番事业。过硬的销售服务技术需要平时的刻苦努力训练，需要有敬业精神和吃苦耐劳的奉献精神，这样才能全心全意为顾客提供优质的服务，成为一名合格的营业员。

【任务实训】

1. 训练题目：称量。

2. 训练内容：按购货单要求分别称出 400 克、250 克各 1 份，然后将所称糖果装带系口。

3. 训练时间：45 分钟。

4. 训练要求及设施：提供实训室，油笔、电子秤、糖果若干（硬糖）、塑料袋、称量用具等。

5. 评分标准：如表 5-3 所示。

表 5-3　　　　　　　　　　　　　　称量评分表

评价内容	小组自评		小组互评		教师评价	
1. 电子秤使用前是否进行检查	是	否	是	否	是	否
2. 称量过程是否有糖果掉落	是	否	是	否	是	否
3. 单价输入是否准确	是	否	是	否	是	否
4. 误差是否小于 1 块糖	是	否	是	否	是	否
5. 糖果袋系口是否牢固	是	否	是	否	是	否
6. 糖果袋是否有破损	是	否	是	否	是	否
7. 是否在 1 分 30 秒内完成	是	否	是	否	是	否
成　绩						

任务 3

包装礼品

在激烈的市场竞争中，精美别致的商品包装更能够吸引消费者的眼球，引起购买兴趣；还能够提高商品的身价，促进商品的销售，增加企业的利润额。所以说商品包装在满足使用功能的同时，还应具有一定的审美性，在创造物质价值的同时也创造了精神价值。

【学习目标】

1. 熟练掌握常用商品盒的包装方法
2. 制作彩带花并与商品盒灵活搭配
3. 能够对商品进行礼品包装设计

【任务描述】

王晓红是某大型购物中心的服务中心的客服人员。在"三八"妇女节这一天，一位年轻的女顾客购买了一套化妆品要送给母亲。虽然化妆品有自带的包装盒，但是为了使礼物更加精致美观，更能体现出女儿的这份孝心，她希望工作人员对商品进行艺术包装。

动动脑? 同学们，对商品进行艺术包装，需要具备哪些基本功？

【任务学习】

商品包装是指商品经营成交后，为了保护商品，便于顾客携带而对商品进行的包装、捆扎。它是营业员必须掌握的基本技能，是商品销售服务中的一项重要内容，特别是作为竞争的重要手段，其重要地位不言而喻。

一、商品包装的基本要求

1. 商品包装前，应先检查商品及自身外包装是否完好。
2. 要根据不同的商品外形，采用不同的包装材料及包扎方式。
3. 超市出售的商品要严格遵守商品入袋的原则。
4. 营业员应尽量考虑顾客的实际需要，满足顾客的要求。
5. 营业员在进行商品包装、包扎时，要做到面向顾客，操作熟练迅速，包严扎牢，外观整齐美观，便于携带。

二、常用商品盒的包装方法

1. 方形盒的包装方法（如图 5-13 所示）

（1）把包装纸裁剪成长比盒子长度长 2~3CM，宽比盒子宽度宽 3CM，盒底朝上置于纸张中央；

（2）将右侧的纸张沿盒子向内折入，并保持纸的边缘位于盒子中央；

（3）再把左侧的纸向内折入；

（4）用透明胶或双面胶带将纸张重叠处固定；

（5）两侧的纸沿着盒子向内折入；

（6）按照顺序，把纸张折成漂亮的梯形；

（7）在上下折纸的交接处轻轻做上标记；

（8）保持标记与边缘平行，折叠下面的纸；

（9）用双面胶带或用漂亮的贴纸将接合处固定，再将另一侧包好，翻到盒子正面，用丝带或花束装饰一下就完成了。

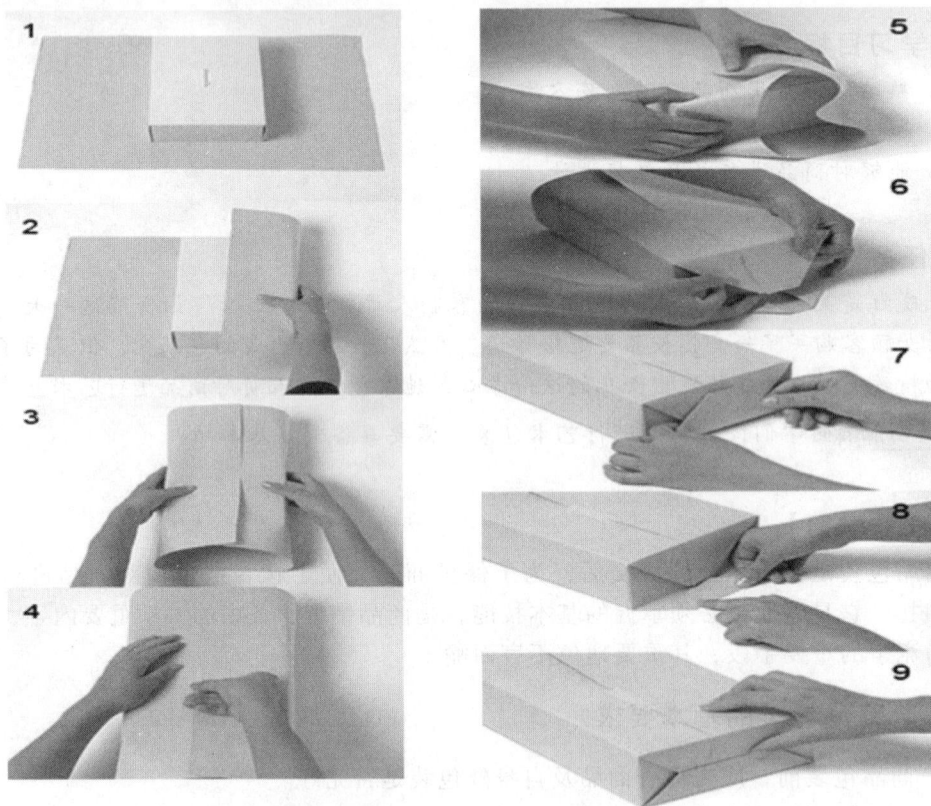

图 5-13　方形盒的包装

2. 圆形盒的包装方法（如图 5-14 所示）

（1）准备好转纸；

（2）把纸绕在圆筒上，在重叠处用胶带固定；

（3）把纸张有顺序地向圆心折叠，做出漂亮的折皱；

（4）折皱的收口部分要把多余的纸向内斜斜地折叠；

（5）在中心轻轻地用胶带固定，把相同素材的纸剪成圆形，在内侧贴上双面胶带，然后再粘在中心部位，相反的一面也按照同样的方法，系上丝带就完成了。

图 5-14　圆形盒的包装

三、常用彩带花束的制作方法

1. 蝴蝶结的系法（如图 5-15 所示）

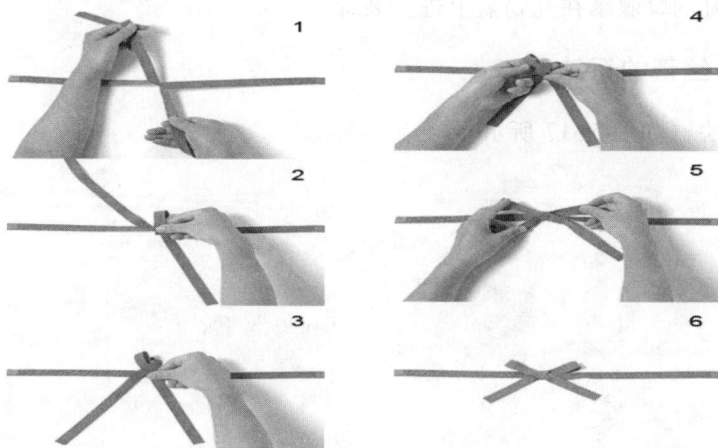

图 5-15　蝴蝶结的系法

（1）把丝带的两头打一个结；

（2）用手按住中间位置，把右侧的丝带弯成一个圈；

（3）把左侧的丝带从上方折起，用右手的拇指按住；

（4）从右侧丝带圈的上方绕过，然后从左侧丝带绕成的圈中穿过；

（5）原右侧的丝带圈放在左侧，左侧丝带绕成的圈中穿过的丝带放在右侧勒紧；

（6）把丝带的两端修剪成喜欢的形状，蝴蝶结就完成了。

2. 球形蝴蝶结（如图 5-16 所示）

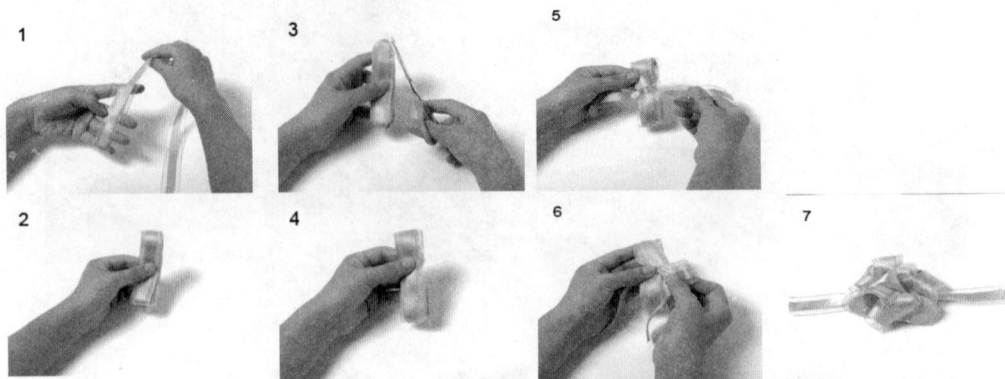

图 5-16　球形蝴蝶结

（1）把长度 1.5M 的丝带绕出直径 10CM 大的圆圈，重复 5~6 次；

（2）握紧中央部位；

（3）用手指压住中部，用剪刀修出角度；

（4）把剪好的部分重叠到中间对齐；

（5）用另外准备好的一条 10CM 长的丝带系住中央部分；

（6）从里到外，将丝带从里面拉出来，左右交替着把所有上部的丝带都翻出来；

（7）把下部的丝带也用相同的办法拉出来，然后整理好一个球形蝴蝶结；

（8）用做好的蝴蝶结在礼物盒上进行装饰。

四、常用丝带的系法

1. 十形系法（如图 5-17 所示）

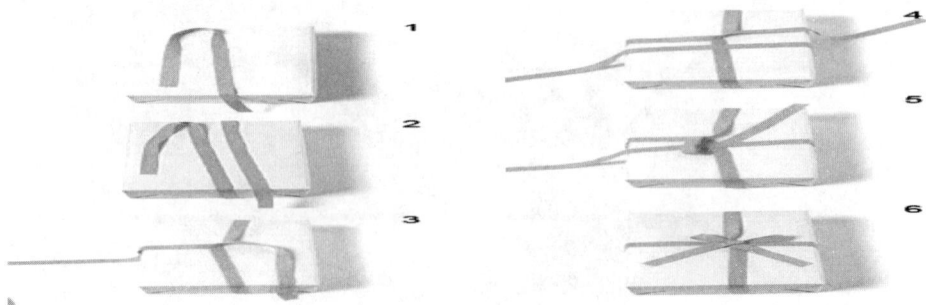

图 5-17　十形系法

（1）准备 1 根比盒子的长、宽、高的合计长出 4 倍的丝带，这是打蝴蝶结所必需的长度；

（2）首先，留出打蝴蝶结必需的长度，然后竖着绕一圈；

（3）把它转到中间的部位，两根丝带交叉转横向，然后横着绕一圈；

（4）把最初留好的丝带穿过去；

（5）把从下面穿出来的丝带打成结，然后系好；

（6）这样，简洁、漂亮的蝴蝶结就打好了。

2. V字形系法（如图5-18所示）

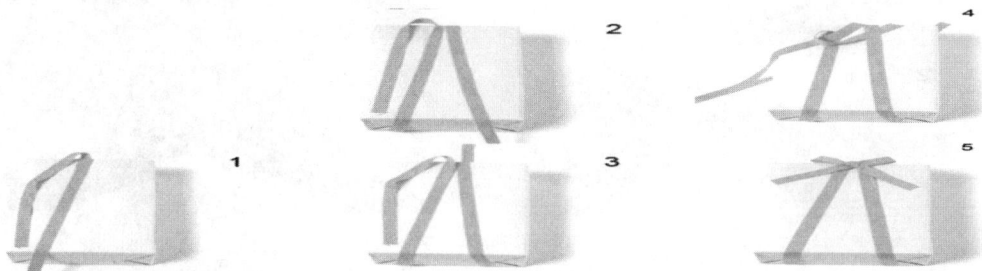

图5-18 V字形系法

（1）准备比盒子的长、宽、高的合计长出4倍的丝带；

（2）留出打蝴蝶结所必要的长度，纵向斜绕一圈；

（3）再纵向斜绕一圈；

（4）把最初留出来的丝带穿过去，并固定；

（5）把从下面穿出来的丝带弯成圆形，打个，漂亮的V字结就完成了。

礼品包装作为商品包装中的一类，在满足保护商品、传递商品信息、推销商品等基本功能以外，还能够提升商品品位，传递和承载着人们的友谊和情感。所以，礼品包装无论是在商品销售中，还是在人际交往中都起着举足轻重的作用。

❊【知识拓展】

方形盒之倾斜包装法

（1）准备好纸，如图5-19所示，把纸沿盒子边缘向内侧折入，使纸张的角位于盒盖上方；

（2）然后把后方的纸折到前面，保证能盖住盒子的全部为宜；

（3）按住上方的折角不动，把左侧的纸也折起来，并把多余的纸干净地收到内侧；

（4）用胶带将上方折角和左侧折起来的纸固定，把后方的纸也折起来或把盒子慢慢扶起来；

（5）整理多余的纸的同时，再将盒子向里侧翻倒；

（6）右侧的纸可以用与左侧相同的办法，保持折垂直的前提下把纸向内折入；

（7）剩余的纸张要向内侧折起，整理好；

（8）最后把多余的边角向内部折入，用双面胶固定就可以了，再在盒子上系好丝带就完成了。

❊【任务分析】

王晓红了解到顾客的需要后，询问了几个问题：顾客母亲的年龄、职业、喜欢的颜色，然后选择了红色的包装纸，金色的彩带，现场操作进行快速包装。

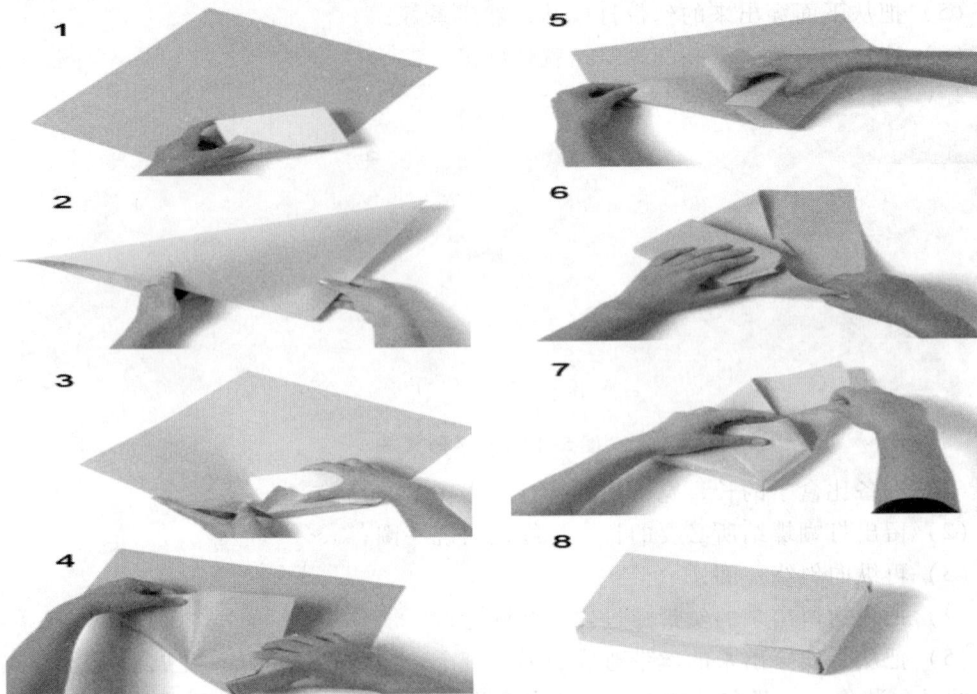

图 5-19 方形盒之倾斜包装法

王晓红包装完，检查了一下：单双面胶使用方法正确，包装严谨，无明显接缝，整体包装美观、艺术多彩，着色搭配协调。这位年轻的女顾客非常高兴地接过商品，满意地离开了。

❈【任务实训】

1. 训练题目：艺术包装。

2. 训练内容：方形商品盒艺术包装。

3. 训练时间：5 分钟。

4. 训练要求及设施：提供包装用的场地，艺术包装用的方形商品盒、包装纸、彩带、单面胶、双面胶、胶带座、剪刀等。

5. 评分标准：如表 5-4 所示

表 5-4　　　　　　　　艺术包装技术考核评价表

评价内容	小组自评		小组互评		教师评价	
1. 整体包装是否美观、和谐、艺术多彩	是	否	是	否	是	否
2. 着色是否搭配协调	是	否	是	否	是	否
3. 单双面胶是否使用方法正确	是	否	是	否	是	否
4. 包装是否严谨，无明显接缝	是	否	是	否	是	否
成　绩						

任务 4

捆扎商品

随着科学技术在商品包装上的广泛应用，商品包装更加实用、精美、方便，更具有人性化的特点，一些陈旧的捆扎技术已被淘汰。但仍有部分商品因购买形式、购买习惯、拆整为零或方便携带等原因，还需要用适当的包装物料进行包装、捆扎。

【学习目标】

1. 熟练掌握"十"字形，"工"字形、菱形、"米"字形的捆扎方法
2. 灵活运用捆扎方法对多种商品进行组合捆扎设计

【任务描述】

王晓红是某大型购物中心售后服务中心的工作人员。现在是旅游旺季，很多游客在商场里购买当地的土特产，为了给顾客提供优质的服务，方便顾客携带商品，并且增强人们的环保意识，节约包装袋，商场提供商品捆扎服务。王晓红要对下面的土特产商品进行捆扎，如图 5-20 所示。

图 5-20　土特产

动动脑? 同学们，我们一起来设计好看又实用的捆扎方法吧！

【任务学习】

目前，零售散装商品主要对纸袋、塑料袋、纸盒、塑料盒等进行捆扎，包装操作在技术上比较简单，只要根据商品的数量、商品形体，把商品盛装好，需要捆扎的再进行捆扎即可。下面简要介绍一些较为常用的捆扎方法：

最基本的捆扎方法有 4 种，即"十"字形、"工"字形、菱形、"米"字形等捆扎方法。根据盒的具体形状以及内装物品的种类，采用不同的捆扎方法。

一、"十"字形捆扎

此法适用于不宜立放且重量较轻的商品的捆扎，如干果、鞋盒等。捆扎样式如图5-21所示，捆扎方法如下：

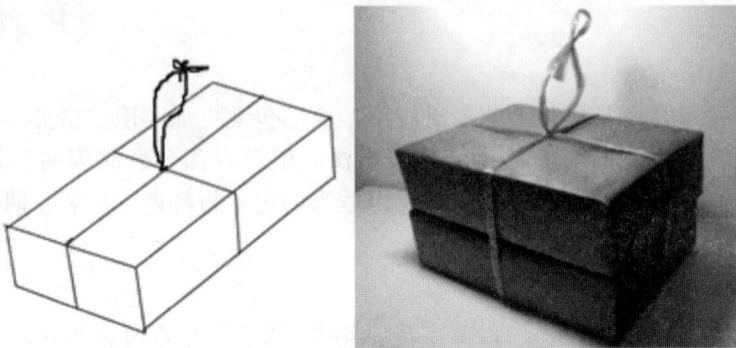

图 5-21　"十"字形捆扎样式

1. 整理。将商品摆放整齐，整理好包装盒，与柜台平行放置（朝向操作者一边），做好捆扎准备。

2. 结"十"字网。左手拇指、食指捏距绳头约15CM处，右手捏住靠绳团一端。左手捏绳，手指按在盒面中心上，其余三指搭于盒前边，右手拉绳走盒底面中心点，从怀里往外绕至盒面与左手绳相错（缠绕圈数可根据捆扎绳材料和物品轻重灵活掌握），随即左手其他三指拨动绳子右上沿，使盒身转动90°，右手绳仍由怀里往外绕绳，经盒底边中心点回至盒面上，与左手绳相交于盒面中心点。

3. 打提环。用左手食指将绳头掖进"十"字交叉处绳底，由拇指勾出，右手绳垂直提起，左手拇指、食指捏绳头搭右手绳外侧，中指辅助与右手绳相系。然后，左、右手绳都提起，比齐，断右手绳。左手提双股绳头，右手食指搭绳里侧，从外向里勾绳成环套，拇指与食指配合抿进绳头，使打的结系死。

质量要求："十"字捆扎端正、对称，松紧适度，提环打死结，长短适当。

二、"工"字形捆扎

此法特别适宜对平放且较重商品的捆扎。捆扎样式如图5-22所示，捆扎方法如下：

1. 整理。将商品摆放整齐，整理好包装盒。如果是多个同时捆扎，可将体积相同的商品摆放整齐，体积不同的商品可将体积大的放在最下层，按体积大小依次摆放。摆齐后，与柜台平行放置（朝向操作者一边），做好捆扎准备。

2. 结"工"字网。左手拇指、食指捏距绳头约一个盒长的位置，右手捏住靠绳团一端。左手捏绳手指按在盒面1/3处，右手绳从盒前沿经盒底面与内移的左手绳相交叉，左手绳头翻入上端，左、右手配合翻转盒体向左转180°，右手绳从盒前向右绕绳至盒另一1/3处，与左手绳相交叉，左、右手配合翻转盒体再向左转180°，右手绕绳至交叉点系死结。

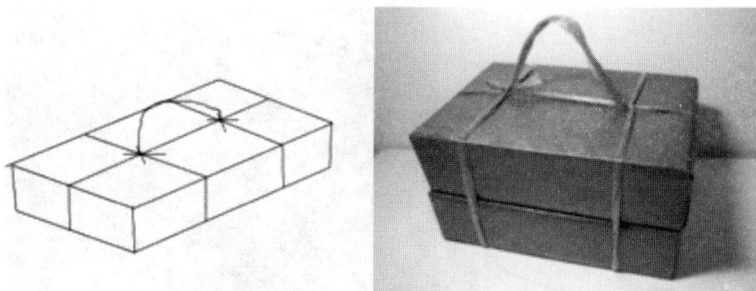

图 5-22　"工"字形捆扎样式

3. 打提环。将右手绳与绳头比齐、断开，两绳合股后系于另一端十字交叉处，提环高度以 3 ~ 5CM 为宜。

质量要求："工"字形捆扎两横道要距离对称，捆扎平稳，松紧适度。

三、菱形捆扎

此法适合较轻的且不怕倒置商品的捆扎，如干果、服装及日用品等。捆扎样式如图 5-23 所示，捆扎方法如下：

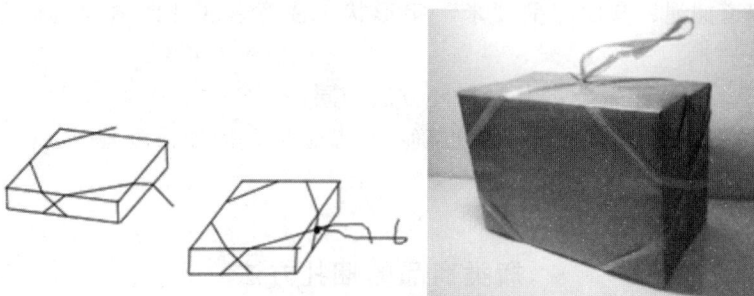

图 5-23　菱形捆扎样式

1. 整理。将商品摆放好，整理好包装盒后，斜立放于柜台上。

2. 结菱形网。左手拇指与其余三指抓握立放的盒上方，食指按绳头约 15CM 处于盒的中心点，右手持绳团一端的绳，拉绳走盒右上角至右侧中点，经盒外右下角至盒下方中点，将绳拉回盒里左下角，提拉至盒左侧中点，经盒外左上角拉回盒顶部，与左手按绳相交而过，再将绳顺盒里左上角拉下至盒左侧中点，经盒外左下角拉回盒里右下角。最后，与左手绳相交汇于盒顶部中点，左手用食指将绳头由两绳交汇处绳底掖进，左手拇指勾出。

3. 打提环。与"十"字捆扎打提环方法相同。

质量要求：四角捆绳角度一致，松紧适度。捆扎牢固、美观，提环长度适中。

四、"米"字形捆扎

此法适用于圆盒类商品，如生日蛋糕、日用品、礼品等。捆扎样式如图 5-24 所示，捆扎方法如下：

1. 整理。将圆盒整理好，并放于柜台边缘，盒底小半圆露出台面（不能超过半圆，

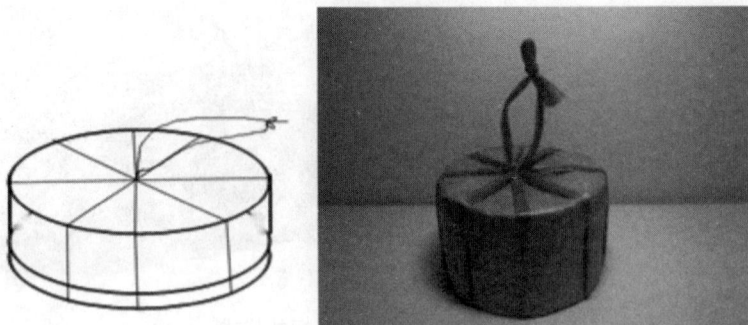

图 5-24 "米"字形捆扎样式

防止盒翻落地上）。

2. 结"米"字网。左手拇指、食指捏住绳头约 15CM 处按于盒中心点，其余三指按于盒边缘，右手从中心点拉绳另一端，至盒边缘（朝向操作者一边），从怀里往外绕绳，经露出台面的盒底部中线，绕至盒面中心点，与左手绳相交。左手其他三指向左翻转盒身45°。右手拉绳重复上次动作，当绳绕回盒面中心上时，第二道绳与第一道绳相交的夹角为45°。左手三指翻转盒身时，右手也可辅助翻转。第三道绳仍重复上面动作，完成第四道捆绳，盒面即呈"米"字形状（注意盒底部四道捆绳汇合点应在盒底中心，也要呈"米"字形）。

3. 打提环。与"十"字捆扎打提环方法相同。

质量要求：捆绳上下均匀，角度准确、松紧适度，提环长短适中。

【知识拓展】

瓶类商品的捆扎方法

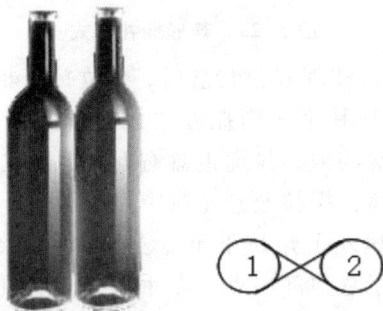

图 5-25　2 瓶酒的捆扎

一、2 瓶酒的捆扎（如图 5-25 所示）

1. 定型。将 2 瓶酒平行紧靠，立放于台面，商标朝外。

2. 捆底。将绳团放在酒瓶左侧或右侧的柜台台面上（左手操作者相反，下同），左手握绳头，右手握住靠绳团一端，左手拇指按放在左瓶后侧做准备。右手持绳顺时针方向围瓶底部（距瓶底 3CM 处）绕 2 圈，于左瓶后结死扣。

3. 扎瓶口。左手握住左瓶身，右手将绳从左瓶底部拉起至瓶口，顺时针绕左瓶口后逆时针绕右瓶口，使两瓶口缠绕呈"∞"字形的中间穿成双股后剪断。

4. 打提环。左手捏在两瓶间"∞"字绳，右手持绳将绳合成一股并在"∞"绳的中间系死扣，形成提环。

二、3瓶酒的捆扎（如图5-26所示）

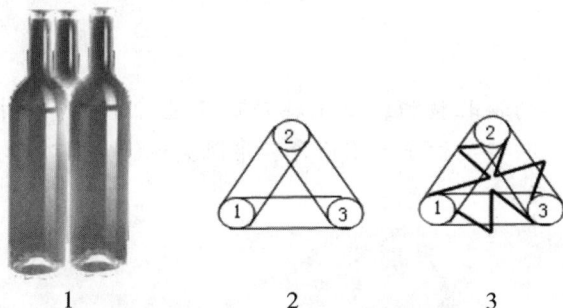

图5-26　3瓶酒的捆扎

1. 定型。将3瓶酒紧靠呈"品"字形，商标均朝外。

2. 捆底。与2瓶酒捆扎方法相同。不同的是，打结时，在3号、1号瓶中间掏绳，在1号瓶后侧系死扣。

3. 扎瓶口。右手将绳从1号瓶底拉起，靠绳团一边绳压在拉起绳下，扣于1号瓶口，左手按住3号瓶身，右手拉绳顺时针方向围绕三个瓶口外侧，回到1号瓶，再进行里圈绕绳，顺序由1号瓶里侧拉至2号瓶口，顺时针绕至3号瓶口，再由3号瓶口顺时针拉至1号瓶口。

4. 加固。右手绳拉至1号、2号瓶口绳上方，左手食指从瓶口里圈的小三角形中，掏环套于2号瓶口，右手紧绳，转动瓶身，将绳拉至2号、3号瓶口上方，掏环套于3号瓶口，重复动作，完成1号瓶口的套扣后，打反环套于1号瓶口，紧绳后剪断，不留提环。

三、4瓶酒的捆扎（如图5-27所示）

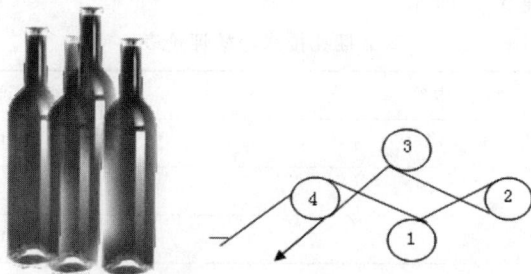

图5-27　4瓶酒的捆扎

1. 定型。将4瓶酒紧靠摆成菱形，商标均朝外。

2. 捆底。与3瓶酒的捆扎方法相同。不同的是缠绕3~4道绳，打死结于4号瓶后侧。

3. 扎瓶口。左手按 4 号瓶身，右手将绳拉至瓶口，靠绳团一端压在拉起绳下，扣于 4 号瓶上，再由 4 号瓶口拉至 1 号瓶口，在瓶口里侧顺时针走绳，依次缠绕，最后回到 4 号瓶口。重复 2 次，共计绕 2 圈。

4. 提拉环。在 4 号瓶捆绳交叉点用左手食指掏绳，钩起长约 30CM，右手绳提起与左手绳套比齐，剪断，合掌上劲搓成麻花状，打死结于 2 号瓶口捆绳交叉处。

【任务分析】

王晓红运用已掌握的捆扎技能，对土特产商品进行了以下的捆扎设计。捆扎完毕后，王晓红仔细检查了一下：捆绳上下均匀、牢固美观、角度准确、松紧适度，提环长短适中，如图 5-28 所示。

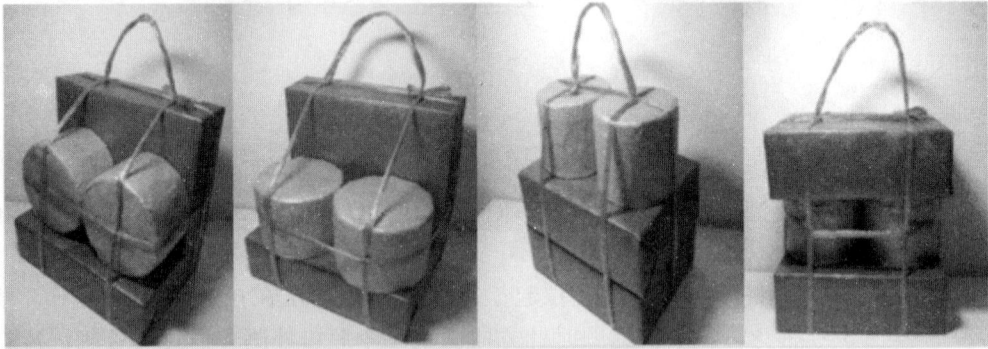

图 5-28   土特产捆扎

【任务实训】

1. 训练题目：商品捆扎。
2. 训练内容：将大饮料瓶分为 2 瓶一组、3 瓶一组进行捆扎。
3. 训练时间：5 分钟。
4. 训练要求及设施：提供捆扎用的场地，供捆扎用的大饮料瓶、塑料绳、剪刀等。
5. 评分标准：如表 5-5 所示。

表 5-5   商品捆扎技术考核评价表

评价内容	小组自评		小组互评		教师评价	
1. 捆扎是否牢固、不松动、不变形	是	否	是	否	是	否
2. 提环长度是否适中	是	否	是	否	是	否
3. 绳头是否裁剪长度得当	是	否	是	否	是	否
4. 绳头是否打活结	是	否	是	否	是	否
5. 捆扎方法是否正确	是	否	是	否	是	否
成 绩						

任务 5

计算价格

营业员在接待顾客的过程中，计算水平对顾客满意度的影响很大。营业员要学会快速准确地计算价格，特别是在促销活动时，从顾客利益出发，帮助顾客获得最大利益，提升商店的整体服务水平。

【学习目标】

1. 知道商品计价的要求
2. 学会运用心算基本方法为顾客进行计算
3. 学会商品打折的计算

【任务描述】

张芳利用暑假在某商场实习，商场店庆推出了满 400 元减 100 元活动。一位顾客看中了一套服装，试穿后很满意，请张芳帮忙算一下怎么购买最合适。顾客的衣服价格为：上衣 428 元，裙子 368 元，背心 248 元。营业员按照服装标价签的价格算出上衣和裙子的价格是 796 元，可以减去 100 元，背心只要再付 148 元即可。顾客总付款为：796 + 148 = 944（元）。顾客认为营业员的算法不合理，应该可以减去 200 元。面对这种情况，张芳该怎么做呢？

动动脑? 同学们，请帮助张芳如何算才能让顾客最满意？

【任务学习】

一、商品计价的要求

商品计价的基本要求是：一准、二快、三清。营业员在计算商品价格时，要做到金额计算准确、动作迅速，并要将计算结果报给顾客。计价的整个过程要当着顾客的面进行。对于老年人和残障人士，营业员要把计价过程和结果念给他们听或递给他们看，遇到顾客有疑问时应重新计算一次，并礼貌地做好解释说明工作，如自己的计算有误，应真诚地向顾客道歉。

二、商品计价的基本方法

计算商品货款的方法有心算法、珠算法、计算器算法、电子秤计算法和电子收款机计算法。下面介绍零售商场工作岗位实践中常用的计算技巧：

（一）心算的基本方法

1. 加成法

在计算金额的过程中，凡是遇到乘数首位是 1 的，次位不论是什么数，都可以用加成法。

例如：$36 \times 12 = 36 \times 10 + 36 \times 2$

$= 360 + 72$

$= 432$（元）

2. 分解法

计算中可将乘数分解为几个数，逐次相乘。

例如：$25 \times 12 = 25 \times 4 \times 3$

$= 100 \times 3$

$= 300$（元）

3. 凑整法

市场上经常有一些标价为 9.9 元、19.9 元的商品，针对这类商品，营业员为顾客计算价格时使用凑整法计算比较方便。

例如：$9.9 \times 4 = 10 \times 4 - 0.1 \times 4$

$= 40 - 0.4$

$= 39.6$（元）

（二）商品打折的计算

例如：某商品原价格为 580 元，现打 8 折，持有商场贵宾金卡可再打 9.8 折，持有贵宾白金卡可再打 9.5 折，以下计算这三种情况下的商品价格：

顾客购买该商品打 8 折，价格为 $580 \times 0.8 = 464$（元）。

顾客购买该商品，使用贵宾金卡，价格为 $580 \times 0.8 \times 0.98 = 454.72$（元）。

顾客购买该商品，使用贵宾白金卡，价格为 $580 \times 0.8 \times 0.95 = 440.80$（元）。

三、合理使用计算器

营业员应根据自己的工作环境选择计算器。如果工作环境面积大，而且没有固定的工作位置，应该选择一台单手能舒服把持的、功能较少的计算器；如果工作环境面积较小，有固定的柜台放置计算器，则应该选择一台较大的、功能较全的计算器。较大屏幕的计算器便于自己和顾客观看，同时便于双手操作加快运算速度。

所有的计算器具都只是一种辅助手段，营业员要能在各种环境下准确、快速地计价，心算是最基本的技能。

【知识拓展】

一般商场商品价签的填写要求

品名：指某一个商品的名称。要求填写品牌和品名，填写齐全，不可省略。例如，"雅格尔长袖衬衫"，不可省略写成："雅格尔衬衫"。

规格：指商品的长度、面积、质量（重量）、容量、功率、能量等，必须正确运用法定计量单位填写。如："米、厘米、毫米、平方米、千克（公斤）、克、升、毫升"等，填写时一律用英文字母填写。例如，服装类规格一栏应填写 155～170CM，不应该填写 M～XL。

小家电可以填写型号。

化妆品如果有容量的应填写××毫升。

成分：指商品的含量。例如，服装类如果成分比较多的，可以只填写前两个占比大的，要求由大到小排列，后面要加上"等"字。保健品、食品、酒类、化妆品、小家电如果成分比较复杂的，可以用"/"线代替。

单位：指销售的某一个商品的结算计量单位。一种是常规结算单位，如"双、件、条、块、只"等。另一种是法定计量单位，如"米、厘米、千克（公斤）、克"等。要求根据商品的性能特点，准确运用常规计量单位或法定计量单位。一律用汉字打印，计量单位的运用必须与商品的性能特点名副其实。例如，按照一"板"来销售的 2 块电池，单位要标"板"。

等级：指商品质量档次等级。一般商品等级可以填写"合格"。处理品一定要标明"处理品"，出口转内销商品必须标明"出口转内销"。例如，根据等级来标注商品价格的，如"茶叶"，要标明"特级"、"优级"等。

编码：一般填写商场编码。

产地：指某商品生产厂家的所在地址，具体如下：

（1）国内产品：直辖市及各省会城市可以直接标明"××市"；其他的城市或县要在前面加上省名。例如，扬州、东莞、温州，应写成江苏扬州、广东东莞、浙江温州。

（2）中外合资产品：必须标明国内生产厂家、地址，不能单独标注外资国名。

（3）国内联营产品：具有合法的联营协议，可以标明联营厂家的商标，产地必须标注实际生产厂家的地址。

（4）进口产品：应标明生产国的国名。

零售价：指商品的销售价格。明码实价，一律使用阿拉伯数字标明人民币金额。

物价员：对所标的商品零售价进行监督复核，复核后，在电脑输入标价签时输入物价员的工号或姓名。

❖【任务分析】

张芳实在想不出，最后只好向店长求助，店长帮助顾客挑选了一条 68 元的皮带，这样计算出上衣、皮带和裙子的价格是：796+68＝864（元），可以减去 200 元，背心只要付 48 元就可以了。这样，顾客的总付款为：864+48＝912（元）。店长增加了顾客购买商品的品种，还帮助顾客节省了钱，保护了顾客的合法利益，顾客最终满意地离开了。

❖【任务实训】

1. 训练题目：商品计价。

2. 训练内容：心算、计算金额。

3. 训练时间：10 分钟。

4. 训练要求及设施：提供计价用的场地，不同类别商品、标价签、笔、计算器等。

5. 评分标准：如表 5-6 所示。

表 5-6   开票技术考核评价表

评价内容	小组自评		小组互评		教师评价	
1. 是否能够快速计算金额	是	否	是	否	是	否
2. 金额是否计算正确	是	否	是	否	是	否
3. 是否能礼貌地将计算结果展示给顾客看，并告知顾客	是	否	是	否	是	否
4. 能否为顾客计算折扣	是	否	是	否	是	否

任务 6

开具票据

商品销售结算主要是完成商品所有权的转移，因此需要填写相应的票据，常用的票据有商品销售凭证、零售销售商品专用发票、增值税专用发票、转账支票等。

【学习目标】

1. 能够根据工作实际情况选择好相应的票据

2. 能够按照各类票据的填写要求填写有关项目

3. 能够核对各类票据所填写的内容的完整、清晰、准确

【任务描述】

王晓红是一名中职学校的应届毕业生。她的工作岗位是服务中心的客服人员。顾客拿着销售小票，要求工作人员开具零售发票。王晓红首先仔细检查了销售小票，确认是本商场出售的商品，然后确认了商品和价格，并问清顾客的购货方单位名称，开始给顾客开具零售发票。

动动脑? 同学们，开具零售发票的要求有哪些？注意事项又有哪些？我们一起来填写这张零售发票吧！

【任务学习】

一、商品销售凭证

1. 基础知识

商品销售凭证又称销售小票，是商品交易成功后由营业员填写的一种售货凭证。具

有交款、购物证明、盘点结账等作用，但不作为报销凭证，是企业内部使用的一种凭证。因此，各个商业企业根据内部经营管理需要，确定其小票格式，但总体内容比较简单。下面列举一种以示说明，如图5-29所示。

××商场销售凭证

部门编码：　　　　　　　　　年　　月　　日　　　　　　　　No.000001

商品编码	品名	单位	数量	单价	金额	
						第一联
						柜组留存
合计（大写）					¥	

收款员：　　　　　　　　　　　　　　　　　营业员：

图5-29　销售小票

商品销售凭证一般为一式三联，第一联为柜组留存，作为当日销售数量统计的依据，便于柜组对商品实施管理；还可以累计后与收款台核对销售额情况，并可作为查找差错的依据。第二联为顾客保存，可作为退换商品的凭证。第三联为收款台留存，作为结账、与柜组核对的依据，严格现金管理。

2. 填写方法及使用要求

（1）填写时要求按各栏目内容填写整齐，不得颠倒或漏填。

（2）字迹清楚、端正，数字（大写、小写）填写要规范、准确。

（3）时间要填写交易日期，经手人要签字。

（4）明确商品销售凭证各联的使用要求。

填写后的销售小票，如图5-30所示。

××商场销售凭证

部门编码：01-001　　　　　　　2013年3月20日　　　　　　　No.000001

商品编码	品名	单位	数量	单价	金额	
123-0001	羽毛球拍	只	5	45	225.00	第一联
						柜组留存
合计（大写）	贰佰贰拾伍元整				¥225.00	

收款员：张　红　　　　　　　　　　　　营业员：王平

图5-30　填写后的销售小票

3. 注意事项

（1）销售小票必须用蓝色复写纸填写，且不得涂改。

（2）顾客退货时，必须用红笔、红色复写纸填写销售小票。

（3）填写准确，实收金额要与合计金额相符，大小写金额必须填写正确。

二、发票

发票作为我国经济交往中基本的商事凭证，是记录经营活动的一种书面证明，是在购销商品、提供或接受服务以及从事其他经营活动中开具、收取的收付款凭证。不同行业发票的开具要求不同，商业企业主要以零售销售商品专用发票及增值税发票为主。发票是加强财务管理，保护国家财产安全的重要手段，是财务会计核算的原始凭证和税务稽查的重要依据，是维护社会经济秩序的重要工具。

（一）零售发票

1. 基础知识

零售发票主要是商品交易完成后，给顾客所购商品填写的购物凭证，是商品销售的原始材料。对销货方而言是销货凭证，具有财务管理、查找差错、堵塞漏洞、积累统计资料等作用。对购货方而言是购物凭证，如是单位购买，可凭发票向财务部门报销入账。如是个人购买，可凭发票退换商品，并作为商品保修期的凭证。因此，发票具有法律效力。通常销售一般商品，如顾客未要求可只开具销售小票，但如果销售家电、钟表、首饰等大件及贵重商品，无论顾客有无要求，均应开具发票。

零售发票一般为一式三联，第一联为存根联，留存备查；第二联交购货方留存或入账；第三联为销货方作为财务管理的凭证。发票也有一式四联、一式五联等版式，这是企业财务管理制度及工作流程所决定的。发票是非常重要的一种商业凭证，需有当地税务部门统一印制或监制，如图 5-31 所示。

普通销售发票

购货单位：大连祺祥家居有限公司　　　　2013 年 12 月 4 日

编号	品名	单位	数量	单价	金额
1.	计算器	个	4	100.00	400.00
2.	装订器	个	4	40.00	160.00
3.	签字笔	盒	2	20.00	40.00
合计人民币（大写）陆佰元整					¥600.00

二、发票联

全国统一发票监制章 辽宁 国家税务局监制

大连华翔办公用品百货 410408953332111 发票专用章

主管：　　　　开票人：杨云

图 5-31　发票

2. 填写方法及使用要求

（1）营业员必须在交易完成后开具发票。

（2）开发票时，首先垫好复写纸，用蓝、黑圆珠笔一次复写，文字要规范，数字用阿拉伯数字。合计金额大小写字迹要清晰、端正，数字书写要规范，不能写错字、自造字。

（3）先填写购货单位名称（全称）或顾客姓名，再填写购货日期。

（4）逐项填写商品名称、规格、单位、数量、单价及金额。

（5）每笔金额要计算准确，合计金额栏中的大小写数字要相符。小写金额栏的最大数字前加"￥"封头符号，大写金额最大数字前加"⊗"封头符号。

（6）发票不能涂改，如填错可重开一份，并在填错的发票上注明"作废"字样，附在存根联上，不得撕毁，以备核实查对。

（7）商品退货时，应收回原发票，注销作废或开红字发票冲回。

（8）经手人（营业员）签名，并加盖收款员、单位章。

（9）发票要严格管理，专人负责。按照发票本序号填写，不得空号。每本用完后，要有专管人员检查并记录有关情况，送交管理部门。

随着社会的发展及现代化管理的需要，零售企业的发票也将由手工开具逐步实现机器打印，从而使票据管理更规范、更严格。

（二）增值税发票

1. 基础知识

增值税发票是工商企业普遍使用的一种票据，由于增值税是对企业增值额部分进行征税，是国家一项重要的流转税种。因此，开具增值税发票有严格的规定与要求。对于商业零售的烟、酒、食品、服装、鞋帽（不包括劳保专用的部分）、化妆品、消费品不得开具增值税专用发票。

一般增值税发票为一式四联，第一联为存根联，用于留存备查；第二联为发票联，用于购货方记账；第三联为抵扣联，作为购货方作抵扣税款凭证；第四联为记账联，用于售货方记账。增值税发票票样，如图5-32所示。

辽宁省增值税专用发票 No. 531069258X

140004451X

发票联

开票日期：2013 年 12 月 11 日

购货单位	名 称：大连广旺家居大世界 纳税人识别号：210211089532218 地 址、电话：甘井子区灿烂路 158 号 0411-84668888 开户行及账号：工商银行灿烂路支行 3400201209800041122					密码区		
货物或应税劳务的名称	规格型号	单 位	数 量	单 价	金 额	税 率	税 额
A 产品		件	50	2 500.00	125 000.00	17%	21 250.00
合 计					￥125 000.00		￥21 250.00
价税合计（大写）	⊗壹拾肆万陆仟贰佰伍拾元整					（小写）￥146 250.00		
销货单位	名 称：大连祺祥家居有限公司 纳税人识别号：210204089050383 地 址、电话：沙河口区翔安路 4 号 0411-83924020 开户行及账号：工商银行翔安路支行 3400201209800048801				备注			

第三联 发票联 付款方记账凭证

图 5-32 增值税发票

2. 填写方法及使用要求

（1）开具增值税发票必须先加盖专用发票销货单位栏戳记。专用发票销货单位栏戳记是指按专用发票"销货单位"栏的内容（包括销货单位名称、税务登记号、地址、电话号码、开户银行及账号）和格式刻制的专用印章，用于加盖在专用发票"销货单位"栏内，用蓝色印泥。"销货单位"栏不得手工填写。

（2）购销双方单位名称必须详细填写，不得简写。如果单位名称较长，可在"名称"栏分上下两行填写，必要时可出该栏的上下横线。

（3）逐项填写发票各项，其中单价栏中的单价是不含税的商品价格，因此票面单价是零售价/（1+征收税率）。票面金额等于确定后的单价乘以数量，票面税率填写适用税率，票面税额用票面金额乘以税率确定，税价合计应等于票面金额合计与票面税额合计之和。

（4）开具专用发票，必须在"价税合计（小写）"栏小写合计前用"￥"符号封顶，在"税价合计（大写）"栏大写合计数前用"⊗"符号封顶。

（5）开具专用发票应严格按照《增值税专用发票使用规定》的要求统一加盖单位财务专用章或发票专用章，不得加盖其他财务印章。经手人须签字。

（6）根据不同版式的专用发票，财务专用章或发票专用章分别加盖在专用发票的左下角或右下角，覆盖"开票单位"一栏。

（三）转账支票

1. 基础知识

转账支票是不用现金结算的一种形式，一般为单位、集团购买大批商品或金额较大的商品结算时常用此结算方式（结算金额100元以上）。但它只能作为同一地区单位间进行买卖的支付方式，现在有的地区使用范围有所扩大。采用转账支票结算，使支付方式与结算变得简单、迅速，避免大量现金的流动与清点，具有携带方便、安全，结算简易、快捷，提高工作效率，便于现金的严格管理等特点。

转账支票包括支票联和存根联两部分，支票联由供货单位收取，作为款项收入凭证，并送交开户银行划转款项；存根联则由购货单位带回同发票一同入账，作为款项支出凭证。转账支票，如图5-33所示。

图 5-33　转账支票

2. 填写方法及使用要求

（1）填写前，首先检查转账支票号码，是否是已声明挂失的转账支票。

（2）检查转账支票上印章（财务章、签发人名章）、账号、开户银行等栏目是否齐全、清晰，是否有涂改、伪造及与预留印鉴不符等问题。

（3）填写好签发日期。如果已填好日期，要核对是否在有效期内。

（4）支票左面横线顶头处填写大写金额数字，右边填写小写金额数字，并用"￥"符号封顶。

（5）填写款项的具体用途（必须按事实填写）。

（6）营业员要遵章守纪，按购货实际发生额填写，不得多填而找付现金。

（7）填写转账支票既可使用支票机填写，也可手工填写。要求文字规范正确、书写清楚、日期准确，大小写金额相符。不得使用不规范的简化字，更不能写错字、自造字。

（8）为防止出现购货单位使用空头支票、过期支票或账面货款不足等问题，要及时了解相关情况、进行支票核对，并同时登记持票人的有效身份证件，以备查对。

（9）顾客购买数额较大的商品，并用支票付款时，要坚持3天后付货的原则。

（10）填写支票不得涂改，如有填写错误，以"作废"处理，重新填写。

（11）支票背面由支票持有者（或收款人）向银行结款或支配转让时填写背书所用。

【知识拓展】

正确填写票据和结算凭证的基本规定

1. 人民币大写金额的写法及注意事项

银行、单位和个人填写的各种票据和结算凭证是办理支付结算和现金收付的重要依据，直接关系到支付结算的准确、及时和安全。票据和结算凭证是银行、单位和个人凭以记载账务的会计凭证，是记载经济业务和明确经济责任的一种书面证明。因此，填写票据和结算凭证，必须做到标准化、规范化，同时要素齐全、数字正确、字迹清晰、不错漏、不潦草，防止涂改。中文大写金额数字应用正楷或行书填写，如壹、贰、叁、肆、伍、陆、柒、捌、玖、拾、佰、仟、万、亿、元、角、分、零、整（正）等字样。不得用一、二（两）、三、四、五、六、七、八、九、十、念、毛、另（或0）填写，不得自造简化字。如果金额数字书写中使用繁体字，也应受理。

（1）中文大写金额数字到"元"为止的，在"元"之后，应写"整"（或"正"）字，在"角"之后，可以不写"整"（或"正"）字。大写金额数字有"分"的，"分"后面不写"整"（或"正"）字。

（2）中文大写金额数字前应标明"人民币"字样，大写金额数字应紧接"人民币"字样填写，不得留有空白。大写金额数字前未印"人民币"字样的，应加填"人民币"三字。在票据和结算凭证大写金额栏内不得预印固定的"仟、佰、拾、万、仟、佰、拾、元、角、分"字样。

（3）阿拉伯数字小写金额数字中有"0"时，中文大写应按照汉语语言规律、金额数字构成和防止涂改的要求进行书写。举例如下：

①阿拉伯数字中间有"0"时，中文大写要写"零"字，如￥1 409.50，应写成人

民币壹仟肆佰零玖元伍角。

②阿拉伯数字中间连续有几个"0"时，中文大写金额中间可以只写一个"零"字，如¥6 007.14，应写成人民币陆仟零柒元壹角肆分。

③阿拉伯金额数字万位和元位是"0"，或者数字中间连续有几个"0"，万位、元位也是"0"，但千位、角位不是"0"时，中文大写金额中可以只写一个"零"字，也可以不写"零"字。如¥1 680.32，应写成人民币壹仟陆佰捌拾元零叁角贰分，或者写成人民币壹仟陆佰捌拾元叁角贰分；又如¥107 000.53，应写成人民币壹拾万柒仟元零伍角叁分，或者写成人民币壹拾万零柒仟元伍角叁分。

④阿拉伯金额数字角位是"0"，而分位不是"0"时，中文大写金额"元"后面应写"零"字。如¥16 409.02，应写成人民币壹万陆仟肆佰零玖元零贰分；又如¥325.04，应写成人民币叁佰贰拾伍元零肆分。

（4）阿拉伯小写金额数字前面，均应填写人民币符号"¥"。阿拉伯小写金额数字要认真填写，不得连写、分辨不清。

（5）票据的出票日期必须使用中文大写。为防止变造票据的出票日期，在填写月、日时，月为壹、贰和壹拾的，日为壹至玖和壹拾、贰拾和叁拾的，应在其前加"零"；日为拾壹至拾玖的，应在其前加"壹"。如1月15日，应写成零壹月壹拾伍日；再如10月20日，应写成零壹拾月零贰拾日。

（6）票据出票日期使用小写填写的，银行不予受理。大写日期未按要求规范填写的，银行可予受理，但由此造成损失的，由出票人自行承担。

2. 阿拉伯数字写法

对于如何正确、规范和流利地书写阿拉伯数字的问题，是我国会计人员应掌握的基本功。重视会计工作中数字书写的训练，有助于会计人员素质的提高，从现实会计人员数字书写的实际情况看，不仅存在大量不规范的书写，而且存在"0"、"6"不分，"7"、"9"难辨的情况，况且还有把"1"改为"4"或改为"7"等错误现象，还有些人把汉字的书写艺术引入小写数字领域，主张在会计记录中将数字"1、2、3、4、5、6、7、8、9、0"写成美术字。所有这些，都不是财会工作中合乎规范的书写方法，也不合乎手工书写的正常习惯。

应该说，财务会计中，尤其是会计记账过程中书写的阿拉伯数字，同数学中或汉文字学中的书写方法并不一致，也不尽相同。

从字体上讲，既不能把这些数字写成刻板划一的印刷体，也不能把它们写成难以辨认的草字体，更不能为追求书写形式把它们写成美术体。从数字本身所占的位置看，既不能把数字写满格、占满行，又不能把字写得太小，密密麻麻，让人不易辨清楚，更不能超越账页上既定的数格。

从字型上看，既不能让数字垂直上下，也不能歪斜过度，更不能左倾右斜，毫无整洁感觉。书写后要让人看着合乎规定要求，既流利又美观，还方便纠错更改。

总之，财会工作中，尤其是会计记账过程中，阿拉伯数码字的书写同普通的书写汉字有所不同，且已经约定俗成，形成会计数字的书写格式。其具体要求是：

（1）各数字自成体型，大小匀称，笔顺清晰，合乎手写体习惯，流畅、自然、不刻板。

（2）书写时字迹工整，排列整齐有序且有一定的倾斜度（数字与底线成60度的倾斜）并以向左下方倾斜为好。

（3）书写数字时，应使每位数字（7、9除外）紧靠底线且不要顶满格（行）。一般来讲，每位数字约占预留格子（或空行）的1/2空格位置，每位数字之间一般不要连在一起，但不可预留间隔（以不增加数字为好）；每位数字上方预留1/2空格位置，可以在订正错误记录时使用。

（4）对一组数字的正确书写是，应按照自左向右的顺序进行，不可逆方向书写；在没有印刷数字格的会计书写中，同一行相邻数字之间应空出半个数字的位置。

（5）除4、5以外的各单数字，均应一笔写成，不能人为地增加数字的笔画。

（6）如在会计运算或会计工作底稿中，运用上下几行数额累计加减时，应尽可能地保证纵行累计数字的位数对应，以免产生计算错误。

（7）对于不易写好、容易混淆且笔顺相近的数字书写，尽可能地按标准字体书写，区分笔顺，避免混同，以防涂改。

如："1"不能写短，且要合乎斜度要求，防止改为"4"、"6"、"7"、"9"；书写"6"字时可适当扩大其字体，使起笔上伸到数码格的1/4处，下圆要明显，以防改为"8"；"7"、"9"两字的落笔可下伸到底线外，约占下格的1/4位置；"6"、"8"、"9"、"0"都必须把圆圈笔画写顺，并一定要封口；"2"、"3"、"5"、"8"应各自成体，避免混同。

（8）除采用电子计算机处理会计业务外，会计数字应用规范的手写体书写，不适用其他字体。只有这样，会计数字的书写才能规范、流利、清晰，合乎会计工作的书写要求。

❧【任务分析】

王晓红在填写零售发票时，要做到字迹清楚，书写规范，卷面整洁，不得涂改。大小写金额前要签署即止符号，大小写金额书写正确。单价金额、总计金额计算正确。购货单位、日期、商品品名、单位、数量、单价、大小写金额、开票人等项目不得有空。

❧【任务实训】

1. 训练题目：开票。

2. 训练内容：填写发票。

3. 训练时间：10分钟。

4. 训练要求及设施：提供相关场地，以及发票联、购物单、笔等。

5. 评分标准：如表5-7所示。

表 5-7　　　　　　　　　　　　开票技术考核评价表

评价内容	小组自评		小组互评		教师评价	
1. 销售小票是否填写字迹清楚，书写规范，卷面整洁	是	否	是	否	是	否
2. 金额是否计算正确	是	否	是	否	是	否
3. 购货单位、日期、商品品名、单位、数量、单价、大小写金额、开票人等项目是否填写完整，是否没有留空	是	否	是	否	是	否
4. 大小写金额前是否签署即止符号	是	否	是	否	是	否
5. 大小写金额是否书写正确	是	否	是	否	是	否
成　绩						

任务 7

点数钞票

点钞是销售服务结算中的一项基本技能，是使企业经营顺利进行和保证企业利润的重要环节，因此营业员要具备点钞基本技能。

【学习目标】

1. 掌握点钞和扎把的基本方法
2. 能够快速准确地清点货币

【任务描述】

小李应聘到某超市做收银员，她工作非常认真，但总是因为动作慢受到顾客的投诉，而且每天上岗领取备用金和下班交款都是同事中最慢的一个，小李很头痛。

动动脑？ 同学们，小李的问题出在哪里了呢？

【任务学习】

点钞是收银员的必修课，在结账或是提取大钞票的时候，都可以减少顾客的等待时间，提高收银速度。

一、点钞的方法

1. 单指单张点钞法（如图 5-34 所示）

用一个手指一次点一张的方法叫单指单张点钞法。这种方法是点钞中最基本也是最常用的一种方法，使用范围较广，频率较高，适用于收款、付款和整点各种新旧大小钞票。这种点钞方法由于持票面小，能看到票面的 3/4，容易发现假钞票及残破票，缺点是点一张记一个数，比较费力。

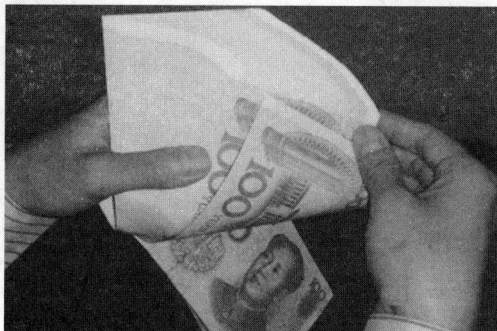

图5-34　单指单张点钞法

具体操作方法：

（1）持票。左手横执钞票，下面朝向身体，左手拇指在钞票正面左端约四分之一处，食指与中指在钞票背面与拇指同时捏住钞票，无名指与小指自然弯曲并伸向票前左下方，与中指夹紧钞票，食指伸直，拇指向上移动，按住钞票侧面，将钞票压成瓦形，左手将钞票从桌面上擦过，拇指顺势将钞票向上翻成微开的扇形，同时，右手拇指、食指作点钞准备。

（2）清点。左手持钞并形成瓦形后，右手食指托住钞票背面右上角，用拇指尖逐张向下捻动钞票右上角，捻动幅度要小，不要抬得过高。要轻捻，食指在钞票背面的右端配合拇指捻动，左手拇指按捏钞票不要过紧，要配合右手起自然助推的作用。右手的无名指将捻起的钞票向怀里弹，要注意轻点快弹。

（3）记数。与清点同时进行。在点数速度快的情况下，往往由于记数迟缓而影响点钞的效率，因此记数应该采用分组记数法。把10作1记，即1、2、3、4、5、6、7、8、9、1（即10）；1、2、3、4、5、6、7、8、9、2（即20），以此类推，数到1、2、3、4、5、6、7、8、9、10（即100）。采用这种记数法记数既简单又快捷，省力又好记。但记数时默记，不要念出声，做到脑、眼、手密切配合，既准又快。

2. 单指多张点钞法（如图5-35所示）

点钞时，一指同时点两张或两张以上的方法叫单指多张点钞法。点钞时记数简单省力，效率高。但也有缺点，就是在一指捻几张时，由于不能看到中间几张的全部票面，所以假钞和残破票不易发现。这种点钞法除了记数和清点外，其他均与单指单张点钞法相同。

具体操作方法：

（1）持票（同单指单张点钞法）。

（2）清点。清点时，右手食指放在钞票背面右上角，拇指肚放在正面右上角，拇指尖超出票面，用拇指肚先捻钞。单指双张点钞法，拇指肚先捻第一张，拇指尖捻第二张。单指多张点钞法，拇指用力要均衡，捻的幅度不要太大，食指、中指在票后面配合捻动，拇指捻张，无名指向怀里弹。在右手拇指往下捻动的同时，左手拇指稍抬，使票面拱起，从侧边分层错开，便于看清张数，左手拇指往下拨钞票，右手拇指抬起让钞票

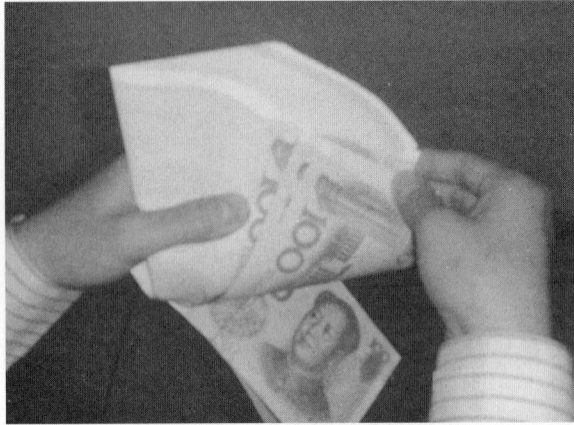

图 5-35 单指多张点钞法

下落，左手拇指在拨钞的同时下按其余钞票，左右两手拇指一起一落协调动作，如此循环，直至点完。

（3）记数。采用分组记数法。如点双数，2 张为 1 组记 1 个数，50 组就是 100 张。

3. 多指多张点钞法（如图 5-36 所示）

多指多张点钞法是指：点钞时用小指、无名指、中指、食指依次捻下 1 张钞票，一次清点 4 张钞票的方法，也叫 4 指 4 张点钞法。这种点钞方法不仅省力、省脑，而且效率高，能够逐张识别假钞票和挑剔残破钞票。

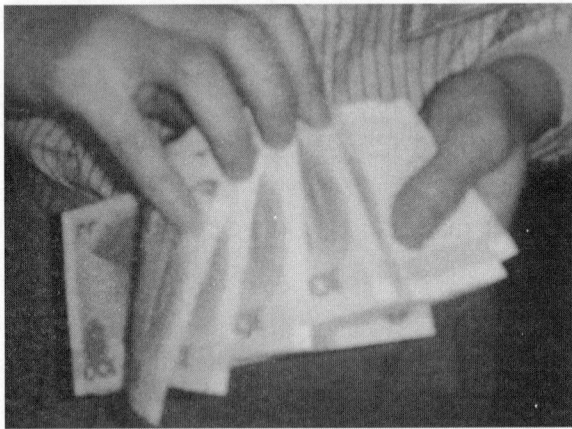

图 5-36 多指多张点钞法

具体操作方法：

（1）持票。用左手持钞，中指在前，食指、无名指、小指在后，将钞票夹紧，4 指同时弯曲将钞票轻压成瓦形，拇指在钞票的右上角外面，将钞票推成小扇面，然后手腕向里转，使钞票的右里角抬起，右手 5 指准备清点。

（2）清点。右手腕抬起，拇指贴在钞票的右里角，其余 4 指同时弯曲并拢，从小指开始每指捻动一张钞票，依次下滑 4 个手指，每一次下滑动作捻下 4 张钞票，循环操作，直至点完 100 张。

（3）记数。采用分组记数法。每次点 4 张为一组，记满 25 组为 100 张。

4. 扇面式点钞法（如图 5-37 所示）

图 5-37 扇面式点钞法

把钞票捻成扇面状进行清点的方法叫扇面式点钞法。这种点钞方法速度快，是手工点钞中效率最高的一种。但它只适合清点新票币，不适于清点新、旧、破混合钞票。

具体操作方法：

（1）持钞。钞票竖拿，左手拇指在票前下部中间票面约 1/4 处。食指、中指在票后同拇指一起捏住钞票，无名指和小指拳向手心。右手拇指在左手拇指的上端，用虎口从右侧卡住钞票成瓦形，食指、中指、无名指、小指均横在钞票背面，做开扇准备。

（2）开扇。

开扇是扇面点钞的一个重要环节，扇面要开得均匀，为点数打好基础，做好准备。其方法是：以左手为轴，右手食指将钞票向胸前左下方压弯，然后再猛向右方闪动，同时右手拇指在票前向左上方推动钞票，食指、中指在票后面用力向右捻动，左手指在钞票原位置向逆时针方向画弧捻动，食指、中指在票后面用力向左上方捻动，右手手指逐步向下移动，至右下角时即可将钞票推成扇面形。如有不均匀的地方，可双手持钞抖动，使其均匀。

打扇面时，左右两手一定要配合协调，不要将钞票捏得过紧，如果点钞时采取一次按下 10 张的方法，扇面要开小些，便于点清。

（3）点数。左手持扇面，右手中指、无名指、小指托住钞票背面，拇指在钞票右上角 1CM 处，一次按下 5 张或 10 张；按下后用食指压住，拇指继续向前按第二次，以此类推，同时左手应随右手点数速度向内转动扇面，以迎合右手按动，直到点完 100 张为止。

（4）记数。采用分组记数法。一次按 5 张为一组，记满 20 组为 100 张；一次按 10

张为一组，记满 10 组为 100 张。

（5）合扇。清点完毕合扇时，将左手向右倒，右手托住钞票右侧向左合拢，左右手指向中间一起用力，使钞票竖立在桌面上，两手松拢轻墩，把钞票墩齐，准备扎把。

二、扎把方法

点钞完毕后需要对所点钞票进行扎把，通常是 100 张捆扎成一把，分为缠绕式和扭结式两种方法。

1. 缠绕式

临柜收款采用此种方法，需使用牛皮纸腰条，其具体操作方法介绍如下：

（1）将点过的钞票 100 张墩齐。

（2）左手从长的方向拦腰握着钞票，使之成为瓦状（瓦状的幅度影响扎钞的松紧，在捆扎中幅度不能变）。

（3）右手握着腰条头将其从钞票的长的方向夹入钞票的中间（离一端 1/3 ~ 1/4 处）从凹面开始绕钞票两圈。

（4）在翻到钞票转角处时，将腰条向右折叠 90°，将腰条头绕捆在钞票的腰部转两圈打结。

（5）整理钞票。

2. 扭结式（如图 5-38 所示）

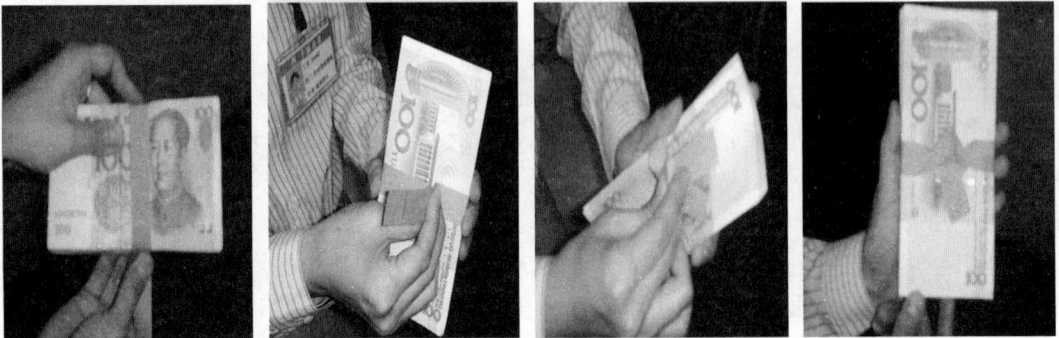

图 5-38　扎把方法

大多考核、比赛采用此种方法，需使用绵纸腰条，其具体操作方法介绍如下：

（1）将点过的钞票 100 张墩齐。

（2）左手握钞，使之成为瓦状。

（3）右手将腰条从钞票凸面放置，将两腰条头绕到凹面，左手食指、拇指分别按住腰条与钞票厚度交界处。

（4）右手拇指、食指夹住其中一端腰条头，中指、无名指夹住另一端腰条头，并合在一起，右手顺时针转 180°，左手逆时针转 180°，将拇指和食指夹住的那一头从腰条与钞票之间绕过、打结。

（5）整理钞票。

❀【知识拓展】

清点硬币

1. 摆放硬币

将要点数的硬币按面额大小挑选出来，将同一面额的硬币横向压放在一起。

2. 点数

用左手拇指、食指把住硬币两端，中指起辅助作用，每次点数 5 枚或 10 枚，将硬币翻向左边，点完数的硬币向左横放在一起。点数过程中，右手起辅助作用。

3. 封卷

包装纸要根据硬币的大小剪裁，纸的上端剪成燕尾形缺口。每卷包装硬币 100 枚。卷一分硬币用的包装纸，长为 12.5CM，宽为 17.5CM，中间凹处与底边为 9.8CM。卷二分、五分硬币用的包装纸，要适当放大些。将清点好的硬币两端用双手拇指与食指捏住，折叠部分包装纸，紧紧包住硬币。在桌面上将币卷往身体方向拉一下，拉时双手中指压住前面的纸，让包装纸紧紧裹住币卷，一边向前滚动币卷，一边用食指、中指将折叠部分的纸边沿币卷掖压一下。这样可以挡住币卷顺势往前滚动，将纸边压住裹紧，裹时双手拇指要顶住币卷的后面。左手的拇指同时掖压左面的包装纸边，使币卷左端面固定下来。左手从指尖到掌心在桌面上向前搓动币卷，右手的前三个手指边搓边掖压包装纸边到币卷里面来，这样右手的封口就封好了。将币卷攥在右手中，开始封左面的封口，从纸角边处用左手的拇指、食指转着掖好左端封口。

❀【任务分析】

通过本次课的学习，我们知道了小李的问题出在了收银工作的基本功之一点钞技术上，因此小李应该学会点钞的正确方法，提高服务效率。

❀【任务实训】

1. 训练题目：点钞技能训练。

2. 训练内容：点钞。

3. 训练时间：30 分钟。

4. 训练要求及设施：提供教室或实训室，100 元面值真假币若干，练功券 110 张一组（若干组）。

5. 评分标准：如表 5-8 所示。

表 5-8 　　　　　　　　　　　　　　　点钞技能训练评价表

评价内容	小组自评		小组互评		教师评价	
1. 点钞数量是否正确	是	否	是	否	是	否
2. 捆扎是否整齐	是	否	是	否	是	否
3. 结打的是否在正面	是	否	是	否	是	否
4. 数额是否写在捆钱带上	是	否	是	否	是	否
5. 款面是否整齐	是	否	是	否	是	否
成　绩						

项目六

学会收银

　　收银服务是商场销售服务管理的一个关键点。收银台是商场的"门面"，在短暂的收银结账服务中，集中体现了整个商场的服务形象。收银也不只是提供单纯的结账服务，而是整个系统销售服务的终结以及让顾客享受完美服务的关键。

【案例导入】

"斯文"的收银员

　　某年中秋节这天，某商场收银台前人流涌动，大家都急着排队结账后回家过节，收银员也一个个手如飞梭：扫描、收款、点钞、找零……而有个收银台前却不断传来争吵声，那里，顾客排的队特别长，移动的速度却特别慢。原来，这个收银台的收银员特别"迟缓"，只见她慢慢地拿过顾客的商品，一个个地扫描，再缓缓地取过顾客递过来的钱，轻轻地放入收款箱；然后非常"迟缓"地在箱内寻找零钞，再小心翼翼地递到顾客手中，再慢慢地接过下一个商品……在一边早已等得不耐烦的顾客实在无心欣赏与留恋这等"斯文"景观，一个个吵嚷起来："你们这位收银员怎么这么慢啊？""别的收银台这会儿工夫早就好几个人结完账了，这儿却这么慢！""怎么回事啊？等得都急死人了！"埋怨声不绝于耳。

　　在现代社会中，在各行各业人才竞争激烈的今天，我们常可以听到这样的一句话"我们需要专业化的人才"。的确，在这个时代，随着整个社会成员综合素质的普遍提高，在各行各业中，良好的敬业精神已不单单是我们竞争的优势，而精湛的业务能力更能为我们赢得最终的竞争优势，对于销售服务行业也是如此。

任务 1

操作收银机

　　随着零售企业的发展，经营规模的扩大，商品种类的丰富，原始的手工结算商品的方法已经无法满足现代商业发展的需要。电子收银机成为了现代零售企业收银服务人员工作时必备的工具，作为一名合格的收银人员一定要学会熟练地操作电子收银机，并且能够处理收银过程中的异常情况。

【学习目标】

1. 认识收银机并能够熟练操作收银机
2. 能够妥善处理收银过程中出现的异常情况

❖【任务描述】

某商场顾客服务中心收到这样一个投诉，顾客杨某一家在买完单时无意中发现，他购买了2件某商品，而电脑小票上开出的商品却是3件；杨某当时非常气愤地跑到顾客服务中心，大骂道："你们这简直是欺骗！"而且一直嚷嚷："如果不对这件事做出合理的解释，就投诉到消协！"并口口声声说："要炒掉这样的员工，要狠狠地处罚她！"闻讯而来的主管马上拿过电脑小票进行核实，发现情况确实如此，而且错误出自同一个收银员。主管立即向杨某道歉，并将杨某一家人引至自己的办公室内，倒水安慰他们。待他们冷静后，主管再次对收银员工作的失误进行诚恳的道歉和检讨，并答应就此事要对该收银员进行严肃的处理和教育。

事后，主管找到出错的收银员调查此事，原因很快就找到了，这位收银员是新入职的员工，对收银机的操作不熟练，商场通过此事认识到员工操作技能培养的重要性，加强了对新员工技能的培训。

动动脑？同学们，请想一想，上面提到的那位收银员错在哪个环节了？

❖【任务学习】

一、收银机的组成

收银机是指用于超市、商场识别商品，存放货款及记录销售情况的计算机终端设备。

1. 收银机的基本结构

（1）主机。主机包括中央处理器、主板，其中主板是基本上采用 PC 机的通用或专用主板，较好的收银机采用自行设计的 POS 机专用主板，以便在恶劣环境下有较强的工作能力 。

（2）主显示器。主显示器即计算机屏幕，主要用于显示商品交易和商品管理信息，是收银员工作的视频窗口，一般为 9 英寸或 10 英寸的黑白单色显示器或液晶单色显示器，最高分辨率为 800×600dpi，可以固定在收银机上，也可前后、左右移动。

（3）顾客显示器。又称 LED "客显"，面向顾客，用于收款时显示交易价格、金额等现场数据，根据需要可方便转动显示器方向。顾客显示器的结构通常有旋转式、升降式、固定式三种。其内容的显示种类一般有单排显示、多行显示、英文显示、中文显示、数字显示及语言报数等多种。

（4）键盘。一般 POS 机配备专用键盘。键盘输出与普通 PC 键盘兼容。POS 机的键盘为可编程键盘，具有强大的软件设定功能，出厂时每个按键的内容都是空白的，完全根据用户的需求，利用收银软件设定键盘上功能的键位布局，如 0~9 数字键、"会员卡"键、"打折"键、"确定"键、"ESC"（退出）键等，都是利用软件设定的。

（5）票据打印机。主要用于打印销售清单、销售报表，一般有针式打印机和热敏打印机。

（6）电子钱箱。独立于收银机，用于放置收银员所用的货币资金，配有锁，可与收银机相连接。钱箱可通过键盘上的按键控制自动打开，箱内分为若干小方格，以方便钞票按不同的面额和币种存放，钱箱内配有夹子将钞票压紧。

2. 外围设备

POS 机带有与收银机相同标准的串行通信口、并行通信口及扩展槽。配备的外围设备有：

（1）条码扫描器。

（2）电子秤。

（3）条形码电子秤。

（4）磁卡阅读器。它可读取信用卡信息，用于读取银行卡、商业企业发行的优惠卡、会员磁卡等信息。

二、收银机的操作

（一）打开收银机

1. 打开收银机的步骤

（1）开启电源。检查开关接触等情况，确认无误后开启电源开关，并检查其工作指示音是否正常。不间断电源（UPS）用于在市电故障时继续提供电源，以保护设备及数据不受毁损；市电故障时，UPS 将持续鸣叫以示警告。

（2）开启显示器和微型票据打印机等外设的开关。待 UPS 工作指示音正常后，开启收银员显示器和微型票据打印机等外设的开关，顾客显示屏、POS 键盘和钱箱没有电源开关，由主机直接供电。

（3）开启 POS 收银机主机的电源开关。此时可听到条形码扫描器通电指示音，同时系统将自动执行管理软件，直至进入相应的待机界面。

2. 登录销售系统

（1）打开收银机后，首先选择进入 POS 销售系统。

（2）在"员工登陆"窗口中，输入正确的员工编号，按"Enter"键。

（3）输入登录密码，然后按"Enter"键，如果密码正确即可进入系统。

（4）系统进入销售操作界面。

（二）收银机收款

1. 扫描商品

（1）收银员必须熟悉一般商品的条形码粘贴部位，迅速、准确地把商品的条形码面对扫描机。

（2）对于条形码有褶皱或不平整的，应将条形码摊平，然后再进行扫描，如图 6-1 所示。

（3）扫描器收到条形码信号时，会发出"嘀"的一声响，表示商品信息进入 POS 机。此时 POS 机屏幕中会显示商品的编号、名称、单位和单价等信息。

（4）对已扫入条形码的商品，收银员应以扫描器为界限统一放置于收银台出口一侧，防止重复扫描现象的发生。

（5）如果顾客购买多个同一商品，可在扫描后直接输入商品数量；而顾客购买不

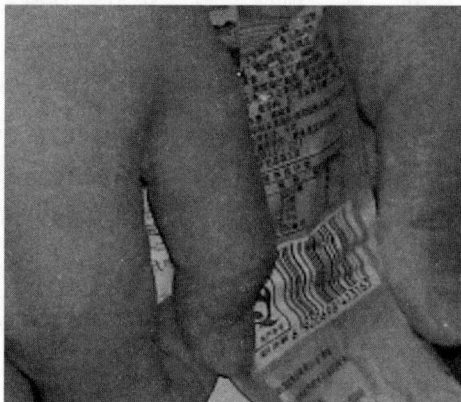

图 6-1　扫码

同商品时，可以直接进入下一个商品的扫描。

（6）收银员扫描时应扫描一件商品看一下屏幕，以避免错扫描或漏扫描现象的发生。

（7）对于部分无法扫描或扫描器无法识别的特殊商品，收银员应该对商品信息实行手动录入。

（8）对于顾客临时决定不要的商品，收银员应将商品放在收银台指定区域，等待理货员整理。

（9）收银员在成功扫描商品后，要向顾客正确报出商品的价格。

2. 商品消磁

消磁系统是商品的电子防盗系统，是利用声电、声磁原理所设计的专门用于商场和超市等经营场所防盗的设备，主要通过系统的特定标签在通过检测装置时，相互作用发出报警而达到防盗的作用。商品的防盗标签有两种：软标签和硬标签。

（1）对于使用软标签的商品，收银员在扫描商品后，将其放置于消磁板上消磁。放置时应注意将带有磁性的标签面对消磁板。

（2）当听到"嘀"的声音时，表示消磁成功。

（3）对于使用硬标签的商品，收银员应将硬标签突出的一端插入取钉器中，然后将硬标签取下。

（4）收银员应准确了解所有带磁性软标签的商品，对商品进行快速、准确的消磁。

（5）回收的硬标签，收银员应统一放置，待交班时上交。

（6）对于一些体积庞大、不容易搬运的商品，可以使用手持式消磁器对其进行消磁。

（7）在对硬标签进行消磁时，要特别注意，不要损坏商品。

3. 结算账款

（1）唱收应收金额。扫描完顾客所有的商品后，按下"结账"键，POS 机屏幕上会弹出一个小屏幕，上面显示应收顾客的金额，收银员应向顾客唱收："应收您××元。"

（2）接受顾客的现金。顾客付款时，用双手接过顾客手中的现金，并向顾客说：

"收您××元"，然后操作收银机，按"现金"键，并用数字键输入顾客所付的金额，然后按"Enter"键。

（3）唱找零。POS机屏幕显示出"找零"金额，打印机开始打印购物小票，钱箱也会同时打开。收银员放入收到的钱款，并从钱箱中找零，然后双手将找零及购物小票交给顾客，并唱找零钱："找您××元。"

（4）关闭钱箱。为顾客找零后，收银员要关闭钱箱。钱箱关闭后，会自动锁定，POS机屏幕也会进入正常业务的操作界面。

（三）关闭收银机

1. 退出销售系统

营业结束后，需关闭收银机时，收银员应先退出操作系统。具体操作如下：

（1）在收银员准备退出销售系统前，必须先完成收银工作，不得在收银中途退出操作系统。

（2）利用光标移动找到"退出"选项并选择。对于已经定义了"退出"功能键的收银机，直接按"退出"键。

（3）系统会提示"是否真的退出？请选择是/否"。按"确认"键选择"是"退出操作系统；按"取消"键选择"否"，会返回销售界面。

如果无法顺利退出系统，应立即与收银机管理人员联系。

2. 关闭收银机

关闭收银机应遵循如下步骤：

（1）退出收银系统后，不能立即关闭电源，而应等待屏幕提示"现在可以安全关机了"时再关闭电源。

（2）首先应关闭主机电源，再关闭显示器、打印机等外设电源，最后关闭UPS电源。

【知识拓展】

收银机使用时的异常处理

收银人员在收银过程中，电子收银机可能会出现故障，当故障出现时，要冷静解决或上报问题。

（1）使用收银机时突然没有任何显示，应首先检查电源插头是否被碰掉，如果电源接通完好，则有可能是主机板或内存条有故障。

（2）收银机显示混乱一般是收银机由于意外造成内部程序混乱，需要由专业维护人员进行相应处理。

（3）收银机的打印机不打印一般是由于打印机某部分被卡住，另外，可能是收银机由于异常而造成死机状态，需要依照具体现象判断并处理。打印机盖下装有压感开关的收银机，当打印机不打印时应首先检查机盖是否关好。另外，看看电源线是否接上、指示灯是否亮、暂停灯是否亮；如没有，则应先接好电源，打开打印机电源，按下"暂停"键。

（4）收银机报警常见的故障有两个。一个是由于打印机内尘土、纸屑过多，挡住传感器，造成报警。这时应打开打印机盖，用吸尘器或吹风机清理打印机内部。另一个常见原因是有物品压在收银机键盘上，造成持续报警。

（5）收银箱卡住可能是由于收银箱内放置货币过多，超出收银箱的容纳量，造成卡住。尽管有时放置过多货币没有卡住，也容易造成货币落入箱中抽屉后面。当货币较多时，应取出一部分另外存放。

（6）条码扫描器扫描后，信息无法正常传递给收银机，首先，可能是连接扫描器和收银机的线路由于意外被碰掉或接口松动，造成彼此无法传递信息；其次，由于意外造成扫描器端口不能进行数据传输。这时，一般可以将扫描器电源断掉，再重新接通，对端口进行复位。

❀【任务分析】

通过学习，我们知道电子收银机收银操作包括打开收银机、登陆销售系统、扫描商品、商品消磁、结算账款、退出销售系统、关闭收银机几个工作环节。案例中的收银员的错误出现在了扫描商品环节，出现了同一商品重复扫描。

在扫描商品操作中，要求"对已扫入条形码的商品，收银员应以扫描器为界限，统一放置于收银台出口一侧，防止重复扫描现象的发生"。"收银员扫描时应扫描一件商品看一下屏幕，以避免错扫描或漏扫描现象的发生"。收银员没有按着操作规范进行操作，造成同一商品重复录入。

❀【任务实训】

1. 训练题目：收银机操作。
2. 训练内容：使用收银机进行收银服务。
3. 训练时间：30分钟。
4. 训练要求及设施：提供实训场地，收银机若干、各种商品等。
5. 评分标准：如表6-1所示。

表6-1　　　　　　　　　　　收银机操作评价表

评价内容	小组自评	小组互评	教师评价
1. 是否按照开机步骤正确操作	是　否	是　否	是　否
2. 是否能快速登录系统	是　否	是　否	是　否
3. 能否快速扫码	是　否	是　否	是　否
4. 能否进行手工录码	是　否	是　否	是　否
5. 是否会消磁作业	是　否	是　否	是　否
6. 关机操作是否正确	是　否	是　否	是　否
成　绩			

任务2
结算银行卡

银行卡是一种由银行发行的集存款、取款、转账、消费结算等于一体的综合性、多功能的电子支付工具，也是货币的一种替代形式。

【学习目标】
1. 能够认识和区分各种银行卡
2. 能够进行银行卡收银处理。

【任务描述】
当一位顾客提出付款结账并出示长城卡买单时，收银员接过顾客的卡一看，发现卡面编号上的后两个数字像是被什么东西刮过，已模糊不清。收银员向顾客询问是怎么回事，顾客解释说是前几天掉在地上，不小心踩了一下，捡起来看时，已经磨损。

动动脑？ 同学们，如果你是这位收银员，你将如何做呢？

【任务学习】

一、银行卡的识别与使用规则

目前在市场上流通的银行卡有三种：人民币卡、双币种卡、国际卡。按银行卡是否能提供信用透支功能，可分为信用卡和借记卡；其中，信用卡按是否向发卡行交存备用金，又分为贷记卡和准贷记卡两种。

（一）信用卡的识别

1. 信用卡的正面内容

（1）发卡银行名称。

（2）发卡银行标志。

（3）信用卡的使用范围。

（4）凸印的信用卡卡号。

（5）信用卡的有效截止日期。

（6）凸印的持卡人性别、姓名。

（7）银联标志和银联全息防伪标识。

2. 信用卡的背面内容

（1）磁条。

（2）持卡人签名栏。

（3）发卡银行重要声明。

（4）发卡银行客户或授权服务电话。

3．信用卡的审卡要点

（1）验证卡片正反面完整无缺且无涂改或刮伤，卡片没有打孔、剪角、损坏现象。卡面的凸印号码没有被涂改的痕迹。卡背签名栏没有明显涂改的痕迹。也没有"样卡"、"测试卡"或英文"VOID"（无效卡）字样。否则应拒绝受理。

（2）持卡人身份的识别。包括照片卡与持卡人相貌核对、持卡人性别是否与卡面凸印的 MS 和 MR 相符、相貌或性别是否相符。否则应拒绝受理。

（3）卡片是否在有效期内，有效期一般情况下都是 2 年。

（4）卡背面的签名是否与卡面凸印的汉语拼音或英文名相符。明显不符的应拒绝受理。

（二）双币种卡

双币种卡的显著特征是融合人民币和外币卡于一体，通常都是信用卡，在外观上与一般单一币种的信用卡（如人民币信用卡和外币信用卡）基本相同。最显著的区别在于卡面有银联和国际组织 2 个标识，如图 6-2 所示。

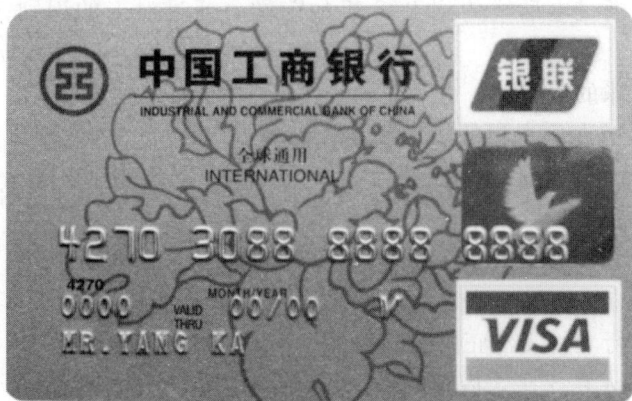

图 6-2 双币种卡

具体标识情况如下：

（1）由于双币种卡可在国内使用，并采用人民币结算，因此双币种卡卡面上印有"银联"标识，一般位于卡面的右上方。

（2）人民币卡卡面往往印有"此卡以人民币结算"或"此卡只可在中国境内使用"标识，而双币种卡卡面上没有上述标识，而是印有"全球通用"。

（3）双币种卡可跨国使用，因此卡面印有如维萨卡（VISA）或万事达卡（MASTERCARD）等国际信用卡组织的标识和防伪标志。防伪标志位于"银联"标识的下方，国际组织的标识位于防伪标志的下方。

（4）双币种卡的卡背签名条上印有"VISA"或"MASTERCARD"斜体字样，还有卡号和卡号校验码（CVV2 或 CVC2）。

（三）外汇卡

1. 外汇卡的种类

目前国际上通行的外汇卡种类有 VISA（维萨卡）、MASTERCARD（万事达卡）、AMERICAN EXPRESS（运通卡）、DINNERS CLUB 卡和 JCB 卡。

2. 可受理的外汇卡特征

由于发卡行的不同，各外汇卡也各有其特征，现将其共同特征总结如下：

（1）卡面为全英文，且没有使用地域限制的字样，例如：Valid ×××Only 等。

（2）卡面上有卡号、持卡人姓名、有效期限、防伪标识、发卡公司的标识（VISA、MASTERCARD 等）、特殊凸印等信息。

（3）卡片正反面完整无缺（异形卡除外）且无涂改或刮伤。

（4）卡片签名条上必须有持卡人的签名。

（5）如为照片卡，持卡人相貌应与照片相符。

以上只是外汇卡的一些基本特征，收银员收到具体的外汇卡时还需要仔细鉴别。

二、银行卡结算流程

现在国内采用的是银联的网络，各个不同的银行以及银联在门店设置 POS 机，持卡人持卡后，信息通过电话线传到 POS 机的前端，通过对卡的识别，银联把这些信息反馈到 POS 机。

使用银行卡结账的流程如下：

（1）把银行卡放在刷卡机的槽口刷卡，磁条方向正确，匀速划过刷卡机。

（2）收银员输入消费金额，在输入消费金额时，要仔细核对输入的金额与顾客实际消费的金额是否一致。

（3）请持卡人输入密码，收银员应及时提示持卡人输入所持银行卡的密码。若首次输入错误，请持卡人再输入一次，输入密码的次数不得超过 3 次，若 3 次后密码输入仍不正确，这张银行卡将无法正常进行交易。

（4）如果持卡人在 3 次之内正确输入了密码，那么本次交易成功。

（5）交易成功后，刷卡机会自动打印出一式三联的签购单。

（6）收银员双手将签购单和笔交给顾客，请顾客在签购单上签名。

（7）核对顾客签名，无误后将顾客联交给顾客，然后按"银行卡"键，弹开钱箱，将商场联和银行联放入，关闭钱箱。

【知识拓展】

银行卡受理的注意事项

1. 各行信用卡受理时的注意事项

（1）中国银行"长城"信用卡、农业银行"金穗"信用卡、交通银行"太平洋"信用卡，受理时必须核对持卡人的有效证件，并把证件号码记在签购单上。有效证件包括身份证、驾驶证、军官证、港澳台回乡证、护照，工作证不可以。

（2）招商银行信用卡、广东发展银行信用卡、建设银行信用卡、平安银行信用卡，凭密码交易，核对签名。

（3）工商银行信用卡，凭密码交易，必须核对签名。

（4）工商银行和广东发展银行的信用卡，下述情况顾客须出示有效身份证件：第一，如果是卡片背面签名条内无签名或是签字不符或对持卡人身份有怀疑。第二，对于购买金银、珠宝首饰、钟表、手机及笔记本电脑等易于变现且金额大于 3 000 元（含 3 000元）以上的。

2. 双币种卡受理时的注意事项

双币种卡在国内的使用应视同于人民币卡交易，统一在受理人民币卡的 POS 机上进行，收银员应避免把国内各行发行的双币种卡在只能受理外卡的 POS 机上使用。

【任务分析】

针对这种情况，收银员完全可以说，卡号已看不清，无法使用，请改用现金付款。但从顾客的神色中看出，顾客可能没有携带足够的现金，如果拒绝刷卡，顾客虽然可以请他同来的朋友结账，但这会使顾客感到尴尬，而这次消费也将会成为他一次很不愉快的经历。于是，这位收银员帮顾客仔细查询、辨别，还打电话到银行核对，终于查出了最后一位数字，顺利地为顾客办好了所有刷卡的手续。

【任务实训】

1. 训练题目：银行卡识别。

2. 训练内容：识别与受理各种银行卡。

3. 训练时间：10 分钟。

4. 训练要求及设施：提供识别银行卡的场地，各种银行卡、无效卡等数张。

5. 评分标准：如表 6-2 所示。

表 6-2 　　　　　　　　　　　　　　银行卡识别考核评价表

评价内容	小组自评	小组互评	教师评价
1. 能否识别银行卡的种类	是　否	是　否	是　否
2. 能否说出银行卡的审卡要点	是　否	是　否	是　否
3. 是否为可受理的银行卡	是　否	是　否	是　否
成　绩			

项目七

完善售后服务

售后服务作为企业销售服务中一个必不可少的中间环节，在各个商品市场领域中起着至关重要的作用。热情、真诚地为顾客着想的服务能给顾客带来满意，获取顾客的信赖，从而使企业在市场竞争中占有一席之地，赢得市场。

❋【案例导入】

创立于1984年的海尔集团，经过多年的持续发展，现已成为享誉海内外的大型国际化企业集团。1984年，海尔只生产单一的电冰箱，而目前它拥有白色家电、黑色家电、米色家电在内的96大门类15 100多个规格的商品群。海尔的商品出口到世界160多个国家和地区。

1996年，一位四川成都的农民投诉使用海尔洗衣机排水管老是被堵，服务人员上门维修时发现，这位农民用洗衣机洗地瓜（南方又称红薯），泥土多，当然容易堵塞。服务人员并不推卸自己的责任，而是帮顾客加粗了排水管。顾客感激之余，埋怨自己给海尔人添了麻烦，还说如果能有洗红薯的洗衣机，就不用烦劳海尔人了。

农民兄弟的一句话，被海尔人记在了心上。海尔营销人员调查四川农民使用洗衣机的状况时发现，在盛产红薯的成都平原，每当红薯大丰收的时节，许多农民除了卖掉一部分新鲜红薯，还要将大量的红薯洗净后加工成薯条。但红薯上沾带的泥土洗起来费时费力，于是农民就动用了洗衣机。更深一步的调查发现，在四川农村，有不少洗衣机用过一段时间后，电机转速减弱、电机壳体发烫。向农民一打听，才知道他们冬天用洗衣机洗红薯，夏天用它来洗衣服。这令张瑞敏萌生一个大胆的想法：发明一种洗红薯的洗衣机。1997年海尔为该洗衣机立项，成立以工程师李崇正为组长的4人课题组，1998年4月投入批量生产，洗衣机型号为XPB40-DS；这种型号的洗衣机不仅具有一般双桶洗衣机的全部功能，还可以洗地瓜、水果甚至蛤蜊，价格仅为848元。首次生产了10 000万台投放到农村市场，立刻被一抢而空。

海尔公司很早就确立了"以顾客为中心"的管理理念，一个普通的维修员工就能从一个不合理的投诉中看到顾客的新需求，并难能可贵地把这种需求及时反馈给公司总部。公司总部领导又及时想顾客之所想，马上开发出能满足顾客需求的新商品，抓住了商机，为海尔创造了声誉和效益。

任务 1

处理顾客的异议

有异议的顾客才是有心成交的顾客，处理顾客异议的过程就是一步一步迈向成交的过程。营业员要从顾客的异议中看出更深层次的没被满足的需求，从而掌握关键成交信息，促使交易成功。

【学习目标】

1. 正确分析顾客异议的类型
2. 根据实际情况，分析顾客异议的根本原因
3. 运用处理顾客异议的原则、方法解决实际问题

【任务描述】

营业员小王正在门店里售卖鲜花。这天，营业员小王向一位男士介绍说，"非洲紫罗兰花期长，不仅春、夏、秋三季开花，如果冬天光线充足也会开花"，这位男士皱起了眉头，说道："这种非洲紫罗兰很难开花的，我的一位朋友家里养了一棵，就从来没有开过花。"营业员小王顿时恼羞成怒，愤愤地说道："您不懂别乱说，我卖出去的非洲紫罗兰很多了，从来没听说有谁的不开花！"

动动脑？同学们，营业员小王不加修饰地直接否定顾客提出的异议，这种做法对吗？如果是你，应该怎样对待顾客提出的异议呢？

【任务学习】

顾客的异议又叫推销障碍，是指顾客针对销售人员及其在销售中的各种活动所做出的一种反应，是顾客对商品、销售人员、推销方式和交易条件发出的怀疑、抱怨，提出的否定或反对意见。

一、顾客异议的类型

（一）需求异议

需求异议是指顾客认为不需要商品而形成的一种反对意见。它往往是在营销人员向顾客介绍商品之后，顾客当面拒绝的反应。例如，顾客会说，"这种商品我们用不上"等等。营业员如果发现顾客真的不需要商品，那就应该立即停止营销。营业员应认真判断顾客需求异议的真伪性，对提出虚假需求异议的顾客，应设法让他觉得该商品提供的利益和服务符合其需求，使之动心，再进行营销。

（二）财力异议

财力异议是指顾客认为缺乏货币支付能力的异议。例如，顾客会说"商品不错，可惜无钱购买"等等。真实的财力异议处置较为复杂，营业员可根据具体情况，或协助对方解决支付能力问题，如分期付款、延期付款等；或通过说服使顾客觉得购买机会难得而负债购买。对于作为借口的异议，营业员应该在了解真实原因后再作处理。

（三）权力异议

权力异议是指顾客以缺乏购买决策权为理由而提出的一种反对意见。例如，顾客会说"这事我做不了主"等等。与需求异议和财力异议一样，权力异议也有真实和虚假之分。面对没有购买权力的顾客极力推销商品是销售工作的严重失误，是无效营销。

（四）价格异议

价格异议是指顾客以商品价格过高而拒绝购买的异议。无论商品的价格怎样，总有些人会说价格太高、不合理或者比竞争者的价格高。例如，顾客会说"太贵了，我买不起"等等。当顾客提出价格异议，表明他对推销商品有购买意向，只是对商品价格不满意，而进行讨价还价。当然，也不排除以价格高为拒绝购买的借口。在实际营销工作中，价格异议是最常见的，营销人员如果无法处理这类异议，营销就难以达成交易。

（五）商品异议

商品异议是指顾客认为商品本身不能满足自己的需要而形成的一种反对意见，对商品的设计、功能、结构、式样、型号等提出异议。例如，顾客会说"我不喜欢这种颜色"等等。商品异议表明顾客对商品有一定的认识，但了解还不够，担心这种商品能否真正满足自己的需要。因此，虽然有比较充分的购买条件，但还是不愿意购买。为此，营业员一定要充分掌握商品知识，能够准确、详细地向顾客介绍商品的使用价值及其利益，从而消除顾客的异议。

二、顾客异议产生的原因

顾客异议产生的原因是多种多样的。正确认识顾客提出的各种异议及其产生的根源，是有效处理这些异议的前提。顾客异议产生的原因有三个方面：

（一）顾客方面的原因

1. 顾客本能的自我保护。

2. 顾客对商品不了解。

3. 顾客缺乏足够的购买力。

4. 顾客已有较稳定的采购渠道。

5. 顾客对推销品或推销企业等有成见。

6. 顾客的决策有限。

（二）商品方面的原因

1. 商品的质量。

2. 商品的价格。

3. 商品的品牌及包装。

4. 商品的销售服务。

（三）营业员方面的原因

1. 营业员对顾客冷漠、不礼貌。

2. 营业员对顾客做了某种承诺而没有兑现。

3. 顾客的话没人理睬，或得到不客气的答复。

4. 营业员没能迅速、准确地处理顾客的问题。

三、处理顾客异议的原则

（一）做好准备工作

"不打无准备之仗"，这是营业员面对顾客拒绝时应遵循的一个基本原则。销售前，营业员要充分估计顾客可能提出的异议，做到心中有数。这样，即使遇到难题，到时候也能从容应对。

（二）选择恰当时机

根据研究发现，优秀的营业员所遇到的顾客严重反对的机会只是其他人的十分之一，原因就在于优秀的营业员往往能选择恰当的时机对顾客的异议提供满意的答复。在恰当时机回答顾客异议，便是在消除异议负面性的基础上发挥了其积极的一面。

（三）忌与顾客争辩

不管顾客如何批评，营业员永远不要与顾客争辩，"占争论的便宜越多，吃销售的亏越大"。与顾客争辩，失败的永远是营业员。

（四）给顾客留"面子"

顾客的意见无论是对是错、是深刻还是幼稚，营业员都不能给对方留下轻视的感觉。营业员要尊重顾客的意见，讲话时面带微笑、正视顾客，听对方讲话时要全神贯注，回答顾客问话时语气不能生硬。

四、处理顾客异议的方法

（一）忽视法

忽视法是指当顾客提出一些反对意见，并不是真的想要获得解决或讨论时，这些意见和眼前的交易扯不上直接的关系，营业员只要面带笑容地同意他就好了。

（二）补偿法

补偿法是指营业员利用顾客异议以外的优点或利益来补偿顾客异议的一种处理方法。任何商品都有优点和缺点，当顾客提出的异议有事实依据时，营业员应该承认并欣然接受。明智的做法是承认缺点，点明优点，利用优点抵消缺点，使顾客达到心理平衡。

（三）太极法

太极法就是当顾客提出某些不购买的异议时，营业员认为这正是顾客需要购买的理由，即营业员能立刻将顾客的反对意见直接转换成必须购买的理由，这就是取自太极拳中的借力、使力。太极法最大的目的，是让营业员能够借处理异议之机，迅速地陈述商品带给顾客的利益，以引起顾客的注意。

（四）询问法

询问法是指营业员对顾客提出的异议进行询问，促使顾客说出他不买的真正原因，然后针对顾客的心理进行有效说服。

询问法在处理异议中起到两方面作用：一是通过询问，把握住顾客真正的异议所在；二是营业员在没有确认顾客反对意见的重点及程度前，直接回答顾客的反对意见，往往可能会引出更多的异议。

（五）"是的……如果"法

人有一个通性，不管有理没理，当自己的意见被别人直接反驳时，内心总是不痛快，甚至会被激怒，尤其是遭到一位素昧平生的营业员的正面反驳。屡次正面反驳顾客，会让顾客恼羞成怒，就算说得都对，也没有恶意，还是会引起顾客的反感，因此，销售人员最好不要开门见山地直接提出反对的意见。在表达不同意见时，尽量利用"是的……如果"的句法，软化不同意见的口语。

（六）直接反驳法

在"是的……如果"法的说明中，我们已强调不要直接反驳顾客。直接反驳顾客容易陷于与顾客争辩而不自觉，往往事后懊恼，但已很难挽回。但有些情况营业员必须直接反驳以指出顾客不正确的观点。

出现下面两种状况时，营业员必须直接反驳：一是顾客对企业的服务、诚信有所怀疑时；二是顾客引用的资料不正确时。因为顾客若对企业的服务、诚信有所怀疑时，营业员促成购买的机会几乎可以说是零。

需要强调的是，营业员在使用直接反驳法时，在遣词用语方面要特别留意，态度要诚恳、对事不对人，切勿伤害了顾客的自尊心，要让顾客感受到营业员的专业与敬业。

【知识拓展】

处理顾客价格异议的技巧

价格问题直接涉及顾客与企业的直接利益，是影响销售非常重要的因素。处理这方面异议时可以采用如下技巧：

1. 以防为主，先发制人。根据事先掌握的顾客资料，对顾客可能提出的价格异议做出正确的判断，不等顾客讲出来，就先把顾客要提出的异议给予化解。

2. 先谈价值，后谈价格。为防顾客提出价格异议，销售时应先向顾客强调产品的价值，即该产品能给顾客带来哪些实惠和利益，使顾客认识了产品价值后，再谈及价格。顾客对产品的购买欲望越强，对价格的考虑就越少。

3. 多谈价值，少谈价格。价格是个敏感的话题，一提及价格就容易出现僵局。最好的方法就是多谈产品的价值，少谈产品的价格，多强调产品对顾客的实惠，能满足顾客的需求。

4. 多介绍产品的优点。一般来说，产品的价格必定与产品的优势相关，优势产品其价格必高，劣势产品其价格必低，但顾客可能并不清楚产品的优势，这就需要销售人员运用说服技巧，透彻地分析，讲解产品的优势，向顾客说明其购买产品所得到的利益远远大于支付的价格。

5. 比较优势。上面介绍产品优点的方法，强调的是产品自身的优点，而比较优势就是把自己产品的长处与同类产品的短处相比，使其优势突出，使顾客更看重产品的优势而非价格。

6. 充分自信，尽量不让步。销售人员一定要充分相信产品，相信企业。在价格问题上采取较为强硬的态度，除非稍微降价能获得较大数量的订单，一般不要轻易让步，这是让顾客相信该产品品质的有效方法。

【任务实训】

1. 训练题目：处理顾客异议。
2. 训练内容：模拟售后服务工作岗位，熟练掌握处理顾客异议的工作流程。
3. 训练时间：30 分钟。
4. 训练要求及设施：提供模拟柜台。教师准备情景案例，三人一组进行角色扮演等。
5. 评分标准：如表 7-1 所示。

表 7-1　　　　　　　　顾客异议处理售后服务考核评价表

评价内容	小组自评		小组互评		教师评价	
1. 是否正确对待顾客异议	是	否	是	否	是	否
2. 是否正确分析顾客异议的原因	是	否	是	否	是	否
3. 是否符合处理顾客异议的原则	是	否	是	否	是	否
4. 是否灵活运用处理顾客异议的方法	是	否	是	否	是	否
5. 是否热情、主动、真诚地为顾客服务	是	否	是	否	是	否
成　绩						

任务 2

处理顾客的投诉

常言道："智者千虑，必有一失。"不论营业员如何注意自身的服务态度，如何加强店内商品的质量管理，都难免会因为一时的疏忽而遭到顾客的抱怨。那么，一旦顾客产生不满投诉，营业员该怎么做呢？

【学习目标】

1. 正确对待顾客投诉，了解顾客投诉的意义
2. 根据实际情况，分析顾客投诉的根本原因
3. 运用处理顾客投诉的原则、方法解决实际问题

❀❀【任务描述】

这天，一位顾客怒气冲天地来到柜台前，见到营业员就嚷起来："你们百货大楼是什么信誉啊？把使用过的洗衣机给我送去了？"营业员看见顾客这么冲动，连忙拿了一把椅子对顾客说："您先消消气儿，坐下来慢慢说，小心气坏身体。"马上又问到："您是怎么判断我们给您家送的洗衣机就是旧的洗衣机呢？"顾客说："新的洗衣机里面怎么会有水呢，一定是你们把哪个顾客退回了的机器给我送去了。"

动动脑？ 同学们，如果你是营业员，你该怎么处理这位顾客的投诉呢？

❀❀【任务学习】

现代市场竞争的实质就是一场争夺顾客资源的竞争，但由于种种原因，企业提供的商品或服务会不可避免地低于顾客期望，造成顾客不满意，顾客投诉是不可避免的。

一、顾客投诉

顾客投诉，是指顾客由于对企业商品质量或服务上的不满意，而提出的书面或口头上的异议、抗议、索赔和要求解决问题等行为。

顾客投诉是每一个企业都会遇到的问题，它是顾客对企业管理和服务不满的表达方式，也是企业有价值的信息来源，它为企业创造了许多机会。

（一）顾客投诉会阻止顾客流失

向企业投诉的顾客一方面要寻求公平的解决方案，另一方面说明他们并没有对企业绝望，希望再给企业一次机会。顾客投诉为企业提供了恢复顾客满意的最直接的补救机会，鼓励不满顾客投诉并妥善处理，能够阻止顾客流失。

（二）顾客投诉会减少负面影响

不满意的顾客不但会终止购买企业的商品或服务，并转向企业的竞争对手，而且还会向他人诉说自己的不满，给企业带来非常不利的口碑传播。

顾客投诉如果能够得到迅速、圆满的解决，顾客的满意度就会大幅度提高，顾客大都会比失误发生之前具有更高的忠诚度。不仅如此，这些满意而归的投诉者，有的会成为企业的义务宣传者，即通过这些顾客良好的口碑鼓动其他顾客也购买企业的商品。

（三）顾客投诉会提供市场信息

顾客投诉是联系顾客和企业的一条纽带，它能为企业提供许多免费的、有益的信息。研究表明，大量新商品的构思来源于顾客的需要，顾客的投诉一方面有利于纠正企业营销过程中的问题与失误，另一方面还可能反映企业的商品和服务所不能满足的顾客需要，仔细研究这些需要，可以帮助企业开拓新的市场。

（四）顾客投诉会预警企业危机

一些研究表明，顾客在每 4 次购买中会有 1 次不满意，而只有 5% 以下的不满意的顾客会投诉。所以，企业要珍惜顾客的投诉，正是这些线索为企业发现自身问题提供了可能。事实上，很多的企业正是从投诉中提前发现严重的问题，然后进行改善，从而避免了更大的危机。

因此，如何利用处理顾客投诉的时机而赢得顾客的信任，把顾客的不满转化成顾客的满意，锁定他们对企业和商品的忠诚，获得竞争优势，已成为企业营销实践的重要内容之一。

二、顾客投诉的原因

要做到顾客满意的投诉处理，首先必须重视顾客投诉的原因。一般地讲，顾客投诉的原因主要有以下几个方面：

（一）商品质量问题

1. 商品质量不佳。如床单在经过洗涤后缩水、变皱、褪色；罐头内有异物；音响的声音有杂音等。

2. 商品标识不全。如毛衣上未标明质量成分等。

3. 制造上的瑕疵。如上装的袖子上有裂纹、不锈钢锅上有划痕等。

4. 污损、破损。如衬衫上有污点等。

（二）服务方式、态度问题

1. 应对不得体。如不顾顾客的反应，一味地推荐；只顾自己聊天，不理会顾客的招呼；在为顾客提供服务后，顾客又不买了，马上板起面孔，给顾客脸色；说话没有礼貌，过于随便等。

2. 销售方式不当。如硬性推销，强迫顾客购买；对于商品的相关知识不足，无法满足顾客的询问等。

3. 商品标识与内容不符。如标签上标明红色的毛巾，回家拆开后才发现里面装的是蓝色毛巾；买了5个，却发现盒子里面只有4个等。

4. 价格标识与实际不符。如价格标牌上写的是促销的价格，但扫描显示却是正常的价格；价格标牌上写的是一种价格，但扫描显示是另一种价格等。

5. 对收银员的抱怨。如收银员少找了零钱给顾客、多扫描了商品、多收了顾客的钱、收银速度太慢等。

6. 不遵守约定。如顾客依照约定的日期前来提货，却发现商品还没有到货；顾客要求改裤脚，过了约定的日期却还没弄好等。

7. 运送不当。如送货送得太迟、送错了地方；运输途中把商品损坏了等。

（三）购物环境、设施问题

1. 缺乏安全感。如地板太滑，导致小孩摔跤；人太多，被小偷偷了钱包；电梯突然停电等。

2. 购物环境不便利。如卖场灯光太暗、不通风；夏天空调不够大、太热等。

3. 服务设施不合理。如存包处太少、没有试衣间等。

三、处理顾客投诉的原则

（一）速度第一、认真聆听

投诉发生后，第一时间请顾客到一个舒适的环境中，认真听顾客讲，承诺我们会认真解决，并约定解决完毕的大体时间。控制住事态，使其不扩大、不升级、不蔓延，这些是处理投诉的关键。

（二）承担责任、快速解决

顾客投诉后，国家规定该企业承担的责任，企业千万不能推卸，第一时间要解决到位。企业责任以外的投诉，无论是非，企业最好力所能及地帮顾客解决。

（三）真诚沟通、化敌为友

企业解决售后服务问题，要把自己所做所想的，积极坦诚地与顾客沟通，让顾客知道企业在一直为他的投诉负责，那么在分阶段解决问题过程中就会保持配合的态度。当最终不愉快变成愉快时，企业的高度责任心会使投诉变成企业的商誉保障的广告。

（四）系统运行、规避风险

在解决一种投诉时，要考虑顾客投诉问题是否带有普遍性。企业要有警惕性，对正在使用同类商品的顾客要主动访谈，企业售后服务系统运作，才不会顾此失彼。

（五）权威引领、维护顾客

当有些问题不属于国家规定的维护范围时，要通过核心媒体、权威人士、电话、短信等方式积极预防解决，保障顾客利益的同时也能规避许多不必要的投诉。

四、处理顾客投诉的方法

（一）接受投诉阶段

1. 顾客在陈述投诉理由时，不得随意打断顾客的话，让顾客把话讲完，以避免影响顾客的情绪。

2. 要认真倾听、准确记忆、态度诚恳，尽量做到不让顾客重述，以避免顾客的不满升级。

3. 适时给予顾客回应，表明对这件事情的关注和重视。

4. 注意对事件全过程进行仔细询问，语速不宜过快，要做详细的投诉记录。

（二）解释澄清阶段

1. 根据顾客的表述，快速分析整个事件对顾客影响的程度。

2. 在没有完全了解清楚顾客所投诉的问题时，不得马上将问题转交其他部门。

3. 从顾客角度出发，做好合理的解释和澄清，注意解释的语气，不得表露出对顾客的轻视、冷漠或不耐烦。

4. 在解释过程中，如顾客提出异议，不得与顾客争辩或一味地寻找借口，更不得试图推卸责任。

（三）解决处理阶段

1. 根据顾客的投诉将问题进行分类，大致分为三个方面：当即可以解决的，在短期内可以解决的，属于网络、技术问题现阶段无法解决的。

2. 向顾客说明解决问题所需要的时间及原因。

3. 如果顾客不认可或拒绝接受解决方案，就用心坦诚地向顾客表明公司的规定和限制。

4. 按照公司规定时限，及时将需要后台处理的投诉记录通过电子流系统派单给相关部门处理。

（四）跟踪总结阶段

1. 根据处理时限的要求，注意跟进投诉处理的进程。

2. 在顾客等待处理结果的过程中，必须做到适时回访（通过电话、短信、邮件等方式）。

3. 处理结果出来后，要及时告知顾客。

4. 关心并询问顾客对处理结果的满意程度。

【知识拓展】
处理客户投诉的常见错误行为

1. "这种问题连小孩都会"

即使顾客提出的问题非常简单，也绝不允许营业员说类似的话。这会使顾客认为你在轻视他、嘲笑他，极易引起内心更强烈的反感。

2. "一分钱，一分货"

这句话常被顾客误解为你嫌他寒酸，瞧不起他，听后给人很不舒服的感觉。

3. "不可能，绝不会有这种事"

营业员一般对自己的商品和服务都充满信心，当顾客提出抱怨时，这句话常常会脱口而出。不论顾客反映的情况是否属实，这样回答都是不妥当的，因为它让顾客感觉你在责怪他说谎，会深深地伤害顾客的自尊心，使矛盾进一步激化。

4. "不知道"、"不清楚"

当顾客向营业员提出问题时，若回答"不知道"或"不清楚"，是商店缺乏责任感的表现。一个对消费者高度负责的企业，决不允许轻易给顾客类似的回答，即使真的不知道，也要想办法给顾客一个满意的答复。

5. "我绝对没有说过那种话"

有时，顾客认为商家没有履行某项服务承诺或保证而提出质问时，若营业员回答"我绝对没有说过那种话"，会使顾客认为在抵赖，从而加深不满情绪，使得难以与之进行沟通。当遇到这种情况时，首先要冷静地弄清楚事情的原委，对于顾客提出的正当、合理要求，即使事先未做出承诺和保证，也要设法予以满足，而对于顾客提出的确实超出了承诺、服务范围、企业又无力满足的要求，应耐心地加以说明，使之同情和理解。

6. "我不会"、"我不行"

"我不会"、"我不行"、"我没办法"等否定词语，无助于对抱怨的解决，反而会使顾客大失所望，严重损害企业的形象，决不能轻易使用。当顾客提出的问题接待人员确实难以处理时，应立即找上级领导帮助，而不应用此类语言简单地将顾客拒之门外。

7. "这是本店的规定"

门店制定的各种规章制度，从根本上说是为了保证服务质量，使顾客满意。因此，营业员要切记，无论在什么情况下，都不应以店规去"对付"顾客的抱怨，否则是无法获得他们的理解和信任的。

8. "改天再联系"

当顾客提出的问题需要一定的时间来研究解决时，要将所有的确切时间告诉对方，如"两天后帮您办好"、"明天上午 10 点钟您听电话"等，不能用"改天再联系"、"过两天再说"等模棱两可的语言，这会引起顾客对你解决问题诚意的怀疑，减弱对企业的信任感。

9. "没有货"

对于顾客需要又恰巧没货的商品，则应向顾客推荐相同使用价值的商品，如顾客仍不满意，应当一边安抚顾客，一边与临近门店或公司联系，查询是否有备货。如没有，应当请顾客留下联系方式，以便联系到货源后通知。

❀【任务分析】

营业员听到这里，笑着对顾客解释道："您先消消气。洗衣机在出厂时最后的一道工序就是试水，因为是完全自动化的流水线，因此每台洗衣机都会残留一些水在机器里，这是正常现象。"顾客似乎有点明白，但还是怀疑，并要求去库里一看究竟。于是，营业员在工作允许的情况下，带着顾客去了大库。顾客从大库回来以后，态度一下就转变了，对营业员一再道歉，还到经理那儿表扬了一番，说营业员的服务态度好。

对营业员来说，能把事情处理得让顾客满意是最大的欣慰。"用心经营，创造感动。"在销售过程中，营业员给顾客创造了感动，顾客也无时无刻不在感动着我们。

❀【任务实训】

1. 训练题目：顾客投诉处理。

2. 训练内容：模拟售后服务工作岗位，熟练掌握处理顾客投诉的工作流程。

3. 训练时间：30 分钟。

4. 训练要求及设施：提供模拟柜台。教师准备情景案例，3 人 1 组进行角色扮演等。

5. 评分标准：如表 7-2 所示。

表 7-2 　　　　　　　　　　　顾客投诉处理售后服务考核评价表

评价内容	小组自评		小组互评		教师评价	
1. 是否正确分析顾客投诉的原因	是	否	是	否	是	否
2. 是否符合处理顾客投诉的原则	是	否	是	否	是	否
3. 是否灵活运用处理顾客投诉的方法	是	否	是	否	是	否
4. 是否正确对待顾客投诉	是	否	是	否	是	否
5. 是否热情、主动、真诚地为顾客服务	是	否	是	否	是	否
成　绩						

任务 3

处理退换商品

【学习目标】

1. 正确分析顾客退换商品的具体原因
2. 遵照顾客退换商品的原则以及方法接待顾客处理商品退换货
3. 熟记"三包"政策的相关条款

【任务描述】

有一天，一位顾客拿着电吹风来到营业员小王的柜台前，气急败坏地将吹风机扔到柜台上，大声嚷道："这是什么破东西，用了两下就坏了，我要退货！"营业员小王心想："我只是个销售人员，商品又不是我生产的，干吗跟我发脾气？"于是，也不耐烦地对顾客说："别吵了，商品出现质量问题，这是厂家的事，我们营业员只负责卖商品，有什么问题你就看说明书，再不行给厂家打电话吧。"

动动脑? 同学们，你觉得营业员小王做得对吗？为什么？正确的做法应该是什么呢？

【任务学习】

在销售过程中，时常会遇到顾客购买了商品之后又来退换，可以说商品退换其实是商品销售的延续。商品的退换涉及到消费者和企业双方的利益，处理得不好，往往容易产生矛盾，发生争吵，造成不良影响。

因此，要求营业员在接待前来退换商品的顾客，应特别注意在掌握原则的同时，把握分寸，妥善处理，做到"三不"，即"不推脱、不冷淡、不刁难"。

顾客来店退换商品的原因比较复杂，要退还的商品也不尽相同，应采取不同的方式接待。

一、顾客退换商品的原因

顾客退换商品的原因大致有如下几种：

1. 商品质量有问题。
2. 商品有过期、变质等问题。
3. 穿着、使用不合适。
4. 买完后悔的。
5. 有意欺诈的。

二、退换商品原则

针对顾客要求退换商品的情况，一般商店都会根据国家有关规定和本店服务公约的要求制定出本店有关商品退换的制度，主要条款大致包括：

1. 凡本店出售的商品，按国家质量标准衡量确有质量问题的，应包退包换。

2. 大件商品，厂家有明确"三包"规定的，按规定执行。

3. 凡本店出售的商品，如发现有过期、失效、变质等现象或计量不足等情况的，必须按顾客要求退还或补足。

4. 凡能确定为本店出售的一般商品，未超过规定期限，不脏、不损、不影响再次出售的，应根据顾客要求给予退还。

5. 精密度较高，不易鉴别内部质量的商品或不易鉴别真假的贵重商品，如要退还，需特别加以注意，轻易不予退还。

6. 药品、食品、剪断撕开的丈量品等特殊商品，一般情况下不予退还。

7. 属于顾客使用不当，弄脏、弄残，无法再次出售的商品，或者顾客购买以后超过保质期的商品，一般不予退换。

8. 购买时已申明为降价处理不退不换的商品，一般不予退换。

三、接待退换商品顾客的方法

营业员对待来退换商品的顾客要与接待来购买商品的顾客一样热情，态度诚恳地了解退换商品的原因，不得推诿、赖账，一般采取如下处理方法：

1. 对商品有质量问题或一般商品符合退换原则的，应及时迅速办理退换手续，减少顾客等待时间。

2. 如是厂家注明"三包"的商品，核实情况属于包退包换范围的，商店可先行退换，再与生产厂家办理退换手续，属于包修范围的，商店应积极帮助联系解决。

3. 如因过期、失效、计量不足等营业中过失造成的退换，不仅应及时办理退换手续，还应主动赔礼道歉。

4. 对不符合退换商品原则的顾客，应耐心诚恳地做好解释工作，婉言拒绝。

5. 对无法退换的商品，当顾客提出代售要求时，可视情况，向柜组长汇报，获得同意后，帮助代售。

6. 做好退换商品记录，发现有代表性的问题或缺陷，应向有关部门反馈，以便及时调整经营和生产。

7. 为了更好地为消费者服务，最大限度地让消费者满意，有些企业还根据实际情况制订了"三不出，六为主"的退换货原则。

"三不出"，即一般商品退换不出小组，特殊商品退换不出商场，疑难商品退换不出大厦。

"六为主"，即可退可换的，以退为主；可换可修的，以换为主；可退可不退的，以退为主；可换可不换的，以换为主；可修可不修的，以修为主；责任分不清的，以我为主。

四、商品退/换货的流程

商品退/换货的流程，如图7-1所示。

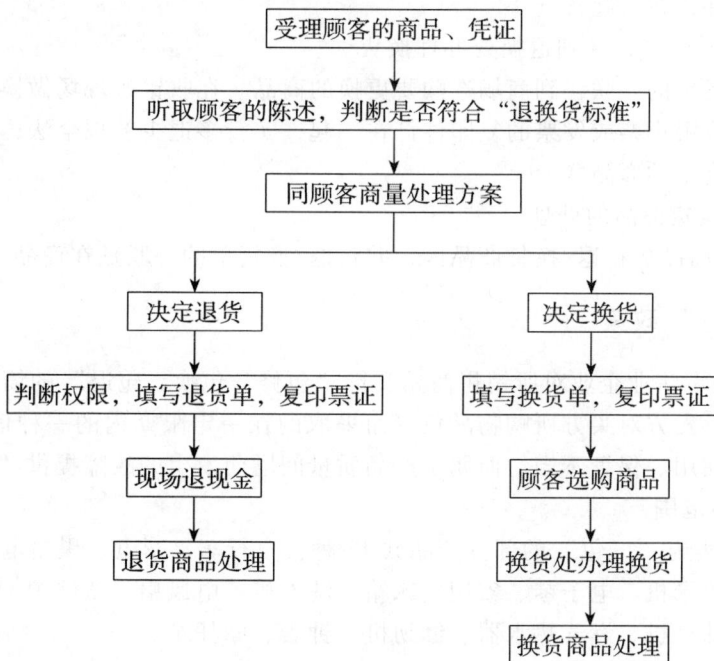

```
        受理顾客的商品、凭证
              │
   听取顾客的陈述，判断是否符合"退换货标准"
              │
        同顾客商量处理方案
         ┌────────┴────────┐
      决定退货              决定换货
         │                    │
  判断权限，填写退货单，复印票证   填写换货单，复印票证
         │                    │
      现场退现金            顾客选购商品
         │                    │
      退货商品处理          换货处办理换货
                              │
                          换货商品处理
```

图7-1　商品退/换货的流程

（一）受理顾客的商品、凭证

接待顾客，并审核顾客是否持有本商场的收银小票或发票，所购商品是否属于不可退商品。

（二）听取顾客的陈述，判断是否符合"退/换货标准"

细心平静地听取顾客陈述有关的抱怨和要求，判断是否属于商品的质量问题，是否符合"退/换货标准"。

（三）同顾客商量处理方案

结合商场规定、国家的相关法律以及顾客服务的准则，灵活处理，说服顾客达成一致的看法。提出解决方法，尽量让顾客选择换货。如不能满足顾客的要求而顾客予以坚持的话，应请上一级管理层处理。

（四）决定退/换货

双方同意退货或双方同意调换同种商品或同类商品甚至是不同商品。

（五）判断权限

退货的金额是否在处理的权限范围内。

（六）填写退/换货单，复印票证

填写退/换货单，复印顾客的收银小票或发票。

（七）实施具体处理办法

1. 现场退现金

在收银机现场做退现金程序，并将交易号码填写在退货单上，其中一联与收银小票或发票的复印件订在一起备查。

2. 顾客选购商品，并到退换处办理换货

顾客凭换货单的一联，到商场选购要更换的商品。在收银机现场做换货程序，换货单中的一联与收银小票或发票的复印件订在一起，实行多退少补现金法，并将换货交易号码填写在换货单的商品联上。

（八）退/换货商品的处理

将退/换货商品放在退/换货商品区，并将退/换货单的一联贴在商品上。

五、"三包"政策

"三包"是零售业企业对所销售商品实行"包修、包换、包退"的简称，指商品进入消费领域后，卖方对买方所购物品负责而采取的在一定限期内的一种信用保证办法。对不是因顾客使用、保管不当，而属于产品质量问题而发生的故障提供"三包"服务。

（一）产品范围

1. 第一批实施"三包"的部分产品共 18 种：自行车、彩电、黑白电视、家用录像机、摄像机、收录机、电子琴、家用电冰箱、洗衣机、电风扇、微波炉、吸尘器、家用空调器、吸排油烟机、燃气热水器、缝纫机、钟表、摩托车。

2. 新"三包"规定中明确，实行"三包"的产品目录将由国务院有关部门制定和调整。

3. 随着移动电话、固定电话、微型计算机、家用视听产品 4 种产品加入，截至目前，我国共有 22 种产品被纳入新"三包"范畴。

4. 进口产品同样适用于新"三包"的规定。

5. 未纳入新"三包"规定的产品，出现了质量问题，销售者均应依法负责修理、更换、退货并赔偿由此而产生的损失。

（二）"三包"范围

消费者购买的产品出现以下情况，有权要求经销者承担"三包"责任。

1. 不具备产品应当具备的使用性能，而事先没有说明的。

2. 不符合明示采用的产品标准要求。

3. 不符合以产品说明、实物样品等方式表明的质量状况。

4. 产品经技术监督行政部门等法定部门检验不合格。

5. 产品修理 2 次仍不能正常使用。

（三）时间

1. "7 日"规定：产品自售出之日起 7 日内，发生性能故障，消费者可以选择退货、换货或修理。

2. "15 日"规定：产品自售出之日起 15 日内，发生性能故障，消费者可以选择换货或修理。

3. "三包有效期"规定："三包"有效期自提货之日起计算。在国家发布的第一批实施"三包"的 18 种商品中，如彩电、手表等的"三包"有效期，整机分别为半年至 1 年，主要部件为 2 年至 3 年。在"三包"有效期内修理 2 次，仍不能正常使用的产品，消费者可凭修理记录和证明，调换同型号同规格的产品或按有关规定退货，"三包"有效期应扣除因修理占用和无零配件待修的时间。换货后的"三包"有效期自换货之日起重新计算。

4. "90 日"规定：在"三包"有效期内，因生产者未供应零配件，自送修之日起超过 90 日未修好的，修理者应当在修理状况中注明，销售者凭此据免费为消费者调换同型号同规格产品。

5. "30 日"和"5 年"的规定：修理者应保证修理后的产品能够正常使用 30 日以上，生产者应保证在产品停产后 5 年内继续提供符合技术要求的零配件。

6. 新"三包"规定从 1995 年 8 月 25 日起实施，凡在该日以后购买列入"三包"目录的产品，消费者有权要求销售者、修理者、生产者承担"三包"责任。对 1995 年 8 月 25 日以前购买的产品，只能继续按照 1986 年发布的《部分国产家用电器"三包"规定》执行。

【知识拓展】

优质服务让更多的客户成为回头客

企业做好客户服务工作的目的就是为了赢得更多的回头客，吸引更多的客户到企业进行消费。我们可以通过表 7-3 看到：顾客"流失"的原因中，居然有高达 68% 的顾客是因为服务人员的服务态度不当，对他们的需求漠不关心，使顾客产生不满而不再光顾。所以作为企业，只有提供一种超越顾客满意的服务，顾客才会被感动，宾至如归。

表 7-3 顾客"流失"的原因

失去的顾客百分比	原因
1%	死亡
3%	搬走了
4%	自然地改变了喜好
5%	在朋友的推荐下，换商品、换公司
9%	在别处买到更便宜的产品
10%	对产品不满意
68%	服务人员对他们的需求漠不关心

要想使顾客成为回头客，作为一名优秀的营业员，你是否能做到下面几点？

1. 始终喜欢客户，即使客户不喜欢你。

2. 欢迎客户对如何改进你的工作提出建议。

3. 和蔼地接受并处理客户的任何抱怨或问题。

4. 格外地关心客户。

5. 即使你不高兴，也面露笑容。

6. 调整心态，平静地接受坏消息或令人不愉快的时间安排。

7. 提供超出客户预料的服务。

8. 当你感到客户需要时，就向客户提供有帮助的建议和知识。

9. 详细解释你提供的服务所具有的特色和利益。

10. 不断地追求客户的赞美。

❈【任务分析】

营业员小王的做法是不对的。商品虽然是厂家制造的，但营业员在销售之前，应该对商品的质量进行认真的检查，对商品的特性予以详细地了解，在向顾客销售时应负全部责任。

首先，营业员小王的服务观念不对！这种"商品一旦售出，概不负责"的态度，是对顾客的搪塞和敷衍，既不符合优质服务的要求，又会引发顾客的不满。这是完全错误的。对于顾客来说，除了要求买到合心意的商品外，还期望得到热情周到的服务，二者缺一不可。

其次，营业员小王的服务态度不当！不但没有设身处地地为顾客着想，反而对顾客遇到的困难不屑一顾。这种态度任何人都无法接受。顾客要求维修商品，主要目的是把商品修好，而不是追究营业员的责任，或是责难营业员。所以营业员应当以平和的心态来处理问题，而不应该是敌视顾客。

正确的做法是：分析具体问题，给出相应的解决措施。如果是自己可以解决的小问题，营业员可以根据自己的经验和技巧帮助顾客处理；如果是厂家才能解决的问题，则要跟顾客说明情况，告诉顾客厂家的联系方式、注意事项等。总之，应该热情、负责地帮助顾客解决问题。

❈【任务实训】

1. 训练题目：退/换货处理。

2. 训练内容：模拟售后服务工作岗位，熟练掌握退/换货工作流程。

3. 训练时间：30 分钟。

4. 训练要求及设施：提供退/换货处理的场地、模拟工作台、有问题的商品、退/货单等。

5. 评分标准：如表 7-4 所示。

表 7-4   退/换货处理售后服务考核评价表

评价内容	小组自评	小组互评	教师评价
1. 是否正确分析顾客退/换货的原因	是　否	是　否	是　否
2. 是否遵守退/换货的原则	是　否	是　否	是　否
3. 是否灵活运用退/换货的方法	是　否	是　否	是　否
4. 是否按照退/换货的流程处理	是　否	是　否	是　否
5. 是否热情主动、真诚地为顾客着想	是　否	是　否	是　否
成　绩			

我国《消费者权益保护法》的相关知识

《消费者权益保护法》是指调整在保护消费者权益过程中发生的社会关系的法律规范的总称。具体讲，是有关保护消费者在购买、使用商品或接受服务时应享有的合法权益的法律规范。

一、消费者的概念

消费者是指为了满足个人生活消费的需要而购买、使用商品或者接受服务的居民。此处的居民是指自然人或称个体社会成员。消费者具有以下法律特征：

第一，消费者所从事的消费活动属于生活消费。

第二，消费者消费的客体既包括商品也包括服务。

第三，消费者的消费活动表现为购买、使用商品和接受服务。

第四，消费者主要是指个人消费者。

此外，农民购买、使用直接用于农业生产的生产资料，其权益也受《消费者权益保护法》的保护。

二、消费者的权利

消费者的权利作为一种基本人权，是生存权的重要组成部分。《消费者权益保护法》专门规定了消费者的权利，包括以下内容：

1. 安全权

安全权是指消费者在购买、使用商品和接受服务时所享有的人身、财产安全不受损害的权利。安全权是消费者的首要的基本权利，它包括消费者人身安全权和财产安全权两项内容。

2. 知悉真情权

知悉真情权也称获取信息权，即消费者享有知悉其购买、使用的商品或者接受的服务的真实情况的权利。这一权利包含两方面的内容：

（1）消费者享有知悉商品或服务真实情况的权利。

（2）消费者享有知悉商品或者服务具体情况的权利，具体情况的范围包括商品的价格、产地、生产者、用途、性能、规格、等级、主要成分、生产日期、有效期限、检验合格证明、使用方法说明书、售后服务或者服务的内容、规格、费用等有关情况。

3. 自主选择权

自主选择权是指消费者享有自主选择商品或者服务的权利，它有助于在消费领域中实现消费者与经营者地位的真正平等。该权利包括：消费者有权自主选择提供商品或者服务的经营者；自主选择商品品种或者服务方式；自主决定购买或者不购买任何一种商品，接受或者不接受任何一种服务；在自主选择商品或者服务时，有权进行鉴别和挑选。

4. 公平交易权

公平交易权是指消费者在购买商品或者接受服务时享有获得质量保障、价格合理、计量准确等公平交易条件的权利。为了保障消费者的公平交易权的实现，必须对劣质销售、价格不公、计量失度等不公平交易行为加以禁止。此外，消费者有权拒绝经营者的强制交易行为。

5. 依法求偿权

依法求偿权是指消费者因购买、使用商品或者接受服务受到人身、财产损害时，享有依法获得赔偿的权利。这是弥补消费者所受损害的必不可少的救济性权利。

6. 依法结社权

依法结社权是指消费者享有依法成立维护自身合法权益的社会团体的权利。消费者协会是我国最主要的消费者社团。

7. 获得知识权

获得知识权也称受教育权，是指消费者享有获得有关消费和消费者权益保护方面的知识的权利。消费知识是指有关商品、服务、市场及消费心理方面的知识，消费者权益保护知识是指有关的法律、法规的规定及消费争议解决途径等知识。

8. 受尊重权

受尊重权是指消费者在购买、使用商品和接受服务时享有其人格尊严、民族风俗习惯得到尊重的权利。

9. 监督批评权

监督批评权是指消费者享有对商品或者服务以及保护消费者权益工作进行监督的权利。消费者的监督批评权包括检举权、控告权、批评权、建议权。

三、经营者的义务

经营者是为消费者提供其生产、销售的商品或者提供服务的市场主体，是与消费者直接进行交易的另一方，因此，明确经营者的义务对于保护消费者权益是至关重要的。依据《消费者权益保护法》第3章规定，经营者负有下列义务：

1. 履行法定或约定的义务

履行法定义务是指经营者向消费者提供商品或者服务，应当依照我国《产品质量法》和其他有关法律、法规的规定履行义务。履行约定义务是指在交易中，经营者和消费者有约定的，应当按照约定履行义务。但是应注意履行约定义务时不得违背法律、法规的强制性规定。

2. 听取意见和接受监督的义务

经营者应当听取消费者对其提供的商品或者服务的意见，接受消费者的监督。这是与消费者的监督批评权相对应的一项义务。

3. 提供安全商品和安全服务的义务

这是与消费者的安全权对应的经营者的义务，经营者履行该项义务，应当做到以下几点：

（1）经营者应当保证其提供的商品或服务符合保障人身、财产安全的要求。

（2）对可能危及人身、财产安全的商品或者服务，应当向消费者做出真实的说明和明确的警示，并说明和标明正确使用商品或者接受服务的方法，以及防止危害发生的方法。

（3）经营者发现其提供的商品或者服务存在严重缺陷，即使正确使用商品或者接受服务仍然可能对人身、财产安全造成危害的，应当立即向有关行政部门报告和告知消费者，并采取防止危害发生的措施。

4. 提供真实信息的义务

这是与消费者的知悉真情权相对应的一项经营者的义务。经营者应当向消费者提供有关商品或者服务的真实信息，不得作引人误解的虚假宣传。经营者对消费者就其提供的商品或者服务的质量和使用方法等问题提出的询问，应当做出真实、明确的答复。商店提供的商品应当明码标价。

5. 标明名称和标记的义务

经营者应当按照下列要求来履行标明名称和标记的义务：

（1）经营者应当标明其真实名称和标记。

（2）租赁他人柜台或者场地的经营者应当标明真实名称和标记。

6. 出具相应的凭证和单据的义务

为了有利于解决经营者和消费者之间发生的纠纷，使交易行为有据可查，以确实保护消费者的权益，《消费者权益保护法》规定的经营者的这项义务有两方面的内容：

（1）经营者应当按照国家有关规定或者商业惯例向消费者出具购货凭证或服务单据。

（2）消费者索要购货凭证或者服务单据的，经营者必须出具。

7. 提供符合要求的商品或服务的义务

经营者应当保证在正常使用商品或者接受服务的情况下，其提供的商品或者服务应当具有的质量、性能、用途和有效期限，但消费者在购买该商品或接受该服务前已经知道其存在瑕疵的除外。经营者以广告、产品说明、实物样品或者其他方式表明商品或服务的质量状况的，应当保证其提供的商品或服务的实际质量与表明的质量状况相符。

8. 承担"三包"责任及其他责任的义务

这项义务包括以下内容：

（1）经营者应当按照国家规定对商品承担"三包"责任。不能保证实施"三包"规定的，不得销售"'三包'商品目录"所列产品。

（2）经营者应当按照与消费者的约定承担对商品的"三包"责任。

9. 不得作不合理、不公平的规定的义务

为了保障消费者的公平交易权，经营者不得以格式合同、通知、声明、店堂告示等方式作出对消费者不公平、不合理的规定，或者减轻、免除其损害消费者合法权益应当承担的民事责任。经营者如作出上述规定，其规定的内容无效。

10. 尊重消费者的人身权的义务

消费者的人身权是其基本人权，消费者的人身自由、人格尊严不受侵犯。经营者不得对消费者进行侮辱、诽谤，不得搜查消费者的身体及其携带的物品，不得侵犯消费者的人身自由。

四、消费者权益争议解决的途径

消费者和经营者发生消费者权益争议，可以通过下列途径解决：

（1）与经营者协商和解。

（2）请求消费者协会调解。

（3）向有关行政部门申诉。

（4）根据与经营者达成的仲裁协议提请仲裁机构仲裁。

（5）向人民法院提起诉讼。

我国《产品质量法》的相关知识

《产品质量法》是调整在生产、流通和消费过程中因产品质量所发生的经济关系的法律规范的总称。

一、我国《产品质量法》的适用范围

《产品质量法》第 2 条明确规定了该法的适用范围，即在中华人民共和国境内从事产品生产、销售活动，必须遵守本法。该法适用于除台湾、香港、澳门地区以外的我国其他所有地区。

《产品质量法》调整的产品范围是经过加工、制作用于销售的产品。种植业、畜牧业、渔业等所生产初级农产品、狩猎品和原始矿产品等未经过加工、制作的，不属于本法的调整范围。虽经过加工、制作的，但是自产自用而不是用于销售的，也不属于本法的调整范围；此外，建设工程和军工产品也不属于该法调整的范围。

二、产品质量的监督与管理

1. 产品质量的监督管理部门

我国产品质量管理体制，依照《产品质量法》的规定，包括下述不同层次和任务的机构：

（1）国务院产品质量监督管理部门，负责全国产品质量监督管理工作。

（2）县级以上地方人民政府管理产品质量监督工作的部门负责本行政区域内的产品质量监督管理工作。

（3）国务院和县级以上地方人民政府的有关部门在各自的职责范围内负责产品质量监督工作。

2. 产品质量的监督检查

国家对产品质量实行以抽查为主要方式的监督检查制度，抽查的重点是：

（1）可能危及人体健康和人身、财产安全的产品，如家用电器、食品、饮料等。

（2）影响国计民生的重要工业产品，如种子、化肥、水泥等。

（3）用户、消费者或者有关组织反映有质量问题的产品。

对依法进行的产品质量监督检查，生产者、销售者不得拒绝。

三、销售者的产品质量责任和义务

（1）销售者应当建立并执行进货检查验收制度，验明产品合格证明和其他标志。

（2）销售者应当采取措施，保持销售产品的质量。

（3）销售者不得销售国家明令淘汰并停止销售的产品和失效、变质的产品。

（4）销售者销售的产品标志应当符合关于产品或者包装上的标志的规定。《产品质量法》对产品标志作了如下规定：

第一，有产品质量检验合格证明。

第二，有中文标明的产品名称、生产厂厂名和厂址。

第三，根据产品的特点和使用要求，需要标明产品规格、等级、所含主要成分的名称和重量的，用中文予以标明。

第四，限期使用的产品，应当在显著位置清晰地标明生产日期和安全使用期或者失效日期。

第五，使用不当容易造成产品损坏或者可能危及人身、财产安全的产品，应当有警示标志或者中文警示说明。

（5）销售者不得伪造产地，不得伪造或者冒用他人的厂名、厂址。

（6）销售者不得伪造或者冒用认证标志等质量标志。

（7）销售者销售产品，不得掺杂、掺假，不得以假充真、以次充好，不得以不合格产品冒充合格产品。

四、损害赔偿

1. 生产者的损害赔偿责任

《产品质量法》规定，因产品存在缺陷造成人身、缺陷产品以外的其他财产损害的，生产者应当承担赔偿责任。

生产者能够证明有下列情形之一的，不承担赔偿责任：

（1）未将产品投入流通的。

（2）产品投入流通时，引起损害的缺陷尚不存在的。

（3）将产品投入流通时的科学技术水平尚不能发现缺陷存在的。

2. 销售者的损害赔偿责任

（1）销售者售出的产品不具备产品应当具备的使用性能而事先未作说明的，或不符合在产品或包装上注明采用的产品标准的及不符合以产品说明、实物样品等方式标明的质量状况的，应负责修理、更换、退货，给购买者造成损失的，应负责赔偿损失。

（2）由于销售者的过错使产品存在缺陷，造成人身、他人财产损害的，销售者应承担赔偿责任。销售者不能指明缺陷产品的生产者也不能指明缺陷产品的供货者的，也要承担赔偿责任。

3. 损害赔偿责任的承担与追偿

因为产品缺陷造成人身、他人财产损害的，受害人可以向生产者要求赔偿，也可以向销售者要求赔偿。如果是生产者的责任，销售者赔偿了的，销售者有权向生产者进行追偿；如果是销售者的责任，生产者进行赔偿后，有权向销售者进行追偿。生产者和销售者任何一方都不得拒绝受害人的赔偿请求。

4. 损害赔偿的范围

根据我国《产品质量法》的规定，因产品存在缺陷造成受害人人身伤害的，应当赔偿医疗费、治疗期间的护理费、因误工减少的收入等费用；造成残疾的，还应当支付残疾者生活补助费、残疾者赔偿金以及由其抚养的人所必需的生活费等费用；造成受害人死亡的，应当支付丧葬费、死亡赔偿金以及由死者生前抚养的人所必需的生活费等费用。

因产品缺陷造成受害人财产损失的，侵害人应当恢复原状或者折价赔偿。

5. 产品质量纠纷的处理

因产品存在缺陷造成损害，要求赔偿的诉讼时效期为 2 年，自当事人知道或者应当知道其权益受到损害时起计算。

因产品存在缺陷造成损害，要求赔偿的请求权在造成损害的缺陷产品交付最初消费者满 10 年丧失；但是，尚未超过明示的安全使用期的除外。

因产品质量发生纠纷时，当事人可以通过协商或者调解解决。当事人不愿通过协商、调解解决或者协商、调解不成的，可以根据当事人之间达成的协议向仲裁机构申请仲裁；当事人之间没有达成仲裁协议或者仲裁协议无效的，可以直接向人民法院起诉。

五、违反《产品质量法》的行政责任和刑事责任

（1）生产、销售不符合保障人体健康和人身、财产安全的国家标准、行业标准的产品的，责令停止生产、销售，没收违法生产、销售的产品，并处违法生产、销售产品（包括已售出和未售出的产品）货值金额等值以上 3 倍以下的罚款；有违法所得的，并处没收违法所得；情节严重的，吊销营业执照；构成犯罪的，依法追究刑事责任。

（2）在产品中掺杂、掺假，以假充真，以次充好，或者以不合格产品冒充合格产品的，责令停止生产、销售，没收违法生产、销售的产品，并处违法生产、销售产品货值金额 50% 以上 3 倍以下的罚款；有违法所得的，并处没收违法所得；情节严重的，吊销营业执照；构成犯罪的，依法追究刑事责任。

（3）生产、销售国家明令淘汰的或者停止销售的产品的，责令停止生产、销售；伪造产品产地的，伪造或者冒用他人厂名、厂址的，伪造或者冒用认证标志等质量标志的，责令改正，没收违法生产、销售的产品，并处违法生产、销售产品货值金额等值以下的罚款；有违法所得的，并处没收违法所得；情节严重的，吊销营业执照。

（4）销售失效、变质的产品的，责令停止销售，没收违法销售的产品，并处违法销售产品货值金额 2 倍以下的罚款；有违法所得的，没收违法所得；情节严重的，吊销营业执照；构成犯罪的，依法追究刑事责任。

（5）社会团体、社会中介机构对产品质量作出承诺、保证，而该产品又不符合其承诺、保证的质量要求，给消费者造成损失的，与产品的生产者、销售者承担连带责任。

我国《反不正当竞争法》的相关知识

《反不正当竞争法》是调整在制止不正当竞争行为过程中发生的经济关系的法律规范的总称。它是规范经营者的竞争行为，维护市场竞争秩序的基本法律。《反不正当竞争法》主要规范不正当竞争行为，也规范部分限制竞争的行为。

一、不正当竞争的概念

不正当竞争是指经营者违反《反不正当竞争法》的规定，损害其他经营者的合法权益，扰乱社会经济秩序的行为。

不正当竞争具有以下特征：

第一，不正当竞争行为的主体是经营者。经营者是指从事商品经营或者营利性服务的法人、其他经济组织和个人。

第二，不正当竞争行为是违法行为。

第三，不正当竞争行为侵害的客体是其他经营者的合法权益和正常的社会经济秩序。

二、不正当竞争行为的种类

1. 假冒或仿冒行为

假冒或仿冒行为是冒充或不正当地利用其他经营者或商品的名称、注册商标、质量和产地标志等，致使与他人的商品发生混淆的行为。

2. 限购排挤行为

限购排挤行为是公用企业或者其他依法具有独占地位的经营者，为了排挤其他经营者而限定他人购买其指定的商品的行为。

3. 滥用行政权力的行为

滥用行政权力的行为是政府及其所属部门滥用行政权力，限定他人购买其指定的经营者的商品，限制其他经营者的正当经营活动，及限制外地商品进入本地市场或本地商品流向外地市场的行为。

4. 商业贿赂行为

商业贿赂行为是经营者为争取交易机会，特别是为争得相对于竞争对手的市场优势，通过秘密给付财物或者其他报偿等不正当手段收买客户的负责人、雇员、合伙人、代理人和政府有关部门工作人员等能够影响市场交易的有关人员的行为。

5. 引人误解的虚假广告宣传行为

虚假宣传行为是经营者利用广告或其他方法对商品的质量、制作成分、性能、用途、生产者、有效期限、产地等作引人误解的虚假宣传行为。

6. 侵犯商业秘密的行为

侵犯商业秘密的行为是经营者通过不正当的手段，违法获取、披露、使用或者允许他人使用权利人的商业秘密的行为。

7. 降价排挤行为

降价排挤行为是经营者以排挤竞争对手为目的，以低于成本的价格销售商品的行为。

有下列情形之一的降价，不属于不正当竞争行为：

（1）销售鲜活商品。

（2）处理有效期限即将到期的商品或者其他积压的商品。

（3）季节性降价。

（4）因清偿债务、转产、歇业降价销售商品。

8. 搭售或者附加不合理条件行为

此行为是经营者违背购买者的意愿搭售商品或者附加其他不合理的交易条件的行为。如果购买者自愿接受经营者的搭售或附加条件，或者所附加的条件是合理的，不能被认定为不正当竞争行为。

9. 不正当的有奖销售行为

不正当的有奖销售是经营者违背法律规定进行的有奖销售行为。《反不正当竞争法》规定，经营者不得从事下列有奖销售：

（1）采用谎称有奖或者故意让内定人员中奖的欺骗方式进行有奖销售。

（2）利用有奖销售的手段推销质次价高的商品。

（3）抽奖式的有奖销售，最高奖的金额超过5 000元。

10. 诋毁他人商誉行为

诋毁他人商誉行为是经营者捏造、散布虚伪事实，损害竞争对手的商业信誉和商品声誉的行为。

11. 通谋投标行为

通谋投标行为是投标者串通投标抬高标价或压低标价，或者投标者与招标者相互勾结以排挤其他竞争对手的行为。

三、违反《反不正当竞争法》的法律责任

《反不正当竞争法》规定，经营者违反该法规定应承担的法律责任有：

（1）给被侵害的经营者造成损害的，应当承担损害赔偿责任，被侵害的经营者的损失难以计算的，赔偿额为侵权人在侵权期间因侵权所获得的利润，并应当承担被侵害的经营者因调查该经营者侵害其合法权益的不正当竞争行为所支付的合理费用。

（2）经营者有假冒或仿冒行为的，监督检查部门应当责令停止违法行为，没收违法所得，可以根据情节处以违法所得1倍以上3倍以下的罚款；情节严重的，可以吊销营业执照；销售伪劣商品，构成犯罪的，依法追究刑事责任。

（3）经营者有商业贿赂行为，构成犯罪的，依法追究刑事责任；不构成犯罪的，监督检查部门可以根据情节处以1万元以上20万元以下的罚款；有违法所得的，予以

没收。

（4）公用企业或者其他依法具有独占地位的经营者有限购、排挤行为的，监督检查部门应当责令其停止违法行为，可以根据情节处以 5 万元以上 20 万元以下的罚款。

（5）经营者有虚假广告宣传行为、侵犯商业秘密行为、串通投标行为的，监督检查部门应当责令其停止违法行为，可以根据情节处以 1 万元以上 20 万元以下的罚款。

我国《广告法》的相关知识

广告是通过一定的媒介向社会公众介绍商品、服务或传播其他信息的一种宣传方式。《广告法》就是调整在广告活动过程中所发生的各种社会关系的法律规范的总称。

一、我国《广告法》的调整对象和适用范围

1. 《广告法》的调整对象

《广告法》所指的广告是商业经营者或者服务者承担费用，通过一定形式和媒介直接或间接地介绍自己所推销的商品或者所提供的服务的商业广告，不包括非商业广告，如公益广告等。

2. 《广告法》的适用范围

《广告法》规定，广告主、广告经营者、广告发布者在中华人民共和国境内从事广告活动，应当遵守《广告法》。

二、《广告法》的基本原则

1. 真实性原则

广告的真实性是指广告的内容必须真实，对商品、服务的介绍必须客观、真实、准确，不能含有虚假或引人误解的内容，不能欺骗和误导消费者。

2. 合法性原则

广告的合法性包括两个方面：一方面，参加广告经营活动的当事人必须是具有合法资格的经营者；另一方面，广告的内容和形式必须符合法律、行政法规的有关规定。

3. 文明性原则

广告应符合社会主义精神文明建设的要求，广告的内容和表现形式应积极、健康。

三、广告的准则

为了切实保护消费者的合法权益，维护正当竞争秩序，《广告法》对于商业广告在内容及形式上都作出了明确的限制性规定。

1. 广告的一般准则

（1）《广告法》规定，广告不得有下列情形：

第一，使用中华人民共和国国旗、国徽、国歌。

第二，以国家机关和国家机关工作人员的名义刊登。

第三，使用国家级、最高级、最佳等用语。

第四，妨碍社会安定和危害人身、财产安全，损害社会公共利益。

第五，妨碍社会公共秩序和违背社会良好风尚。

第六，含有淫秽、迷信、恐怖、暴力、丑恶的内容。

第七，含有民族、种族、宗教、性别歧视的内容。

第八，妨碍环境和自然资源保护。

第九，我国法律、行政法规规定禁止的其他情形。

（2）广告不得损害未成年人和残疾人的身心健康。

（3）广告中对商品的性能、产地、用途、质量、价格、生产者、有效期限、允诺或者对服务的内容、形式、质量、价格有表示的，应当清楚、明白。广告中表明推销商品、提供服务附带赠送礼品的，应当表明赠送的品种和数量。

（4）广告不得贬低其他生产经营者的商品或服务。

（5）大众传播媒介不得以新闻报道形式发布广告。

2. 特殊商品的广告准则

（1）药品、医疗器械广告不得有下列内容：

第一，含有不科学的表示功效的断言或者保证。

第二，说明治愈率或者有效率的。

第三，与其他药品、医疗器械的功效和安全性进行比较的。

第四，利用医药科研单位、学术机构、医疗机构或者专家、医生、患者的名义和形象作证明的。

第五，麻醉药品、精神药品、毒性药品、放射性药品等特殊药品，不得做广告。

（2）禁止利用广播、电影、电视、报纸、期刊发布烟草广告，禁止在各类等候室、影剧院、会议厅堂、体育比赛场馆等公共场所设置烟草广告，烟草广告中必须标明"吸烟有害健康"。

（3）食品、酒类、化妆品广告的内容必须符合卫生许可的事项，不得使用医疗用语或者易与药品混淆的用语。

四、违反《广告法》的民事法律责任

违反《广告法》的规定，发布虚假广告，欺骗和误导消费者，使购买商品或者接受服务的消费者的合法权益受到损害的，由广告主依法承担民事责任。可以依据我国《消费者权益保护法》、《产品质量法》的规定，负责修理、更换、退货；给消费者造成损失的，赔偿损失。

广告经营者、广告发布者明知或应知广告虚假仍设计、制作、发布的，应当依法承担连带责任。广告经营者、广告发布者不能提供广告主的真实名称、地址的，应当承担全部民事责任。

我国《价格法》的相关知识

《价格法》是国家用来调整经济活动中产生的价格关系的法律规范的总称。

一、《价格法》的适用范围

《价格法》第 2 条规定，在中华人民共和国境内发生的价格行为，适用于本法。《价格法》所指的价格包括商品价格和服务价格。

二、价格的基本形式

《价格法》按照定价主体和价格形成的途径不同，将定价形式分为 3 种：

1. 市场调节价

市场调节价是经营者自主制定，通过市场竞争形成的价格。这是我国现行主要的价格形式，凡适于在市场竞争中形成价格的绝大多数商品和服务项目，都实行市场调节价。经营者定价的基本依据是生产经营成本和市场供求状况。

2. 政府指导价

政府指导价是由政府价格主管部门或者其他有关部门，按照定价权限和范围规定基准价及浮动幅度，指导经营者制定的价格。

3. 政府定价

政府定价是依照《价格法》的规定，由政府价格主管部门或其他有关部门，依照定价的权限和范围制定的价格。政府定价具有强制性，这种价格形式只有极少数商品和服务，其范围由《价格法》规定。

《价格法》规定，政府在必要时可以对五类商品和服务实行政府指导价和政府定价：与国民经济发展和人民生活关系重大的极少数商品价格、资源稀缺的少数商品价格、自然垄断经营的商品价格、重要的公用事业价格、重要的公益性服务价格。

三、经营者的价格权利和义务

1. 经营者进行价格活动时享有的权利

（1）经营者有权自主制定属于市场调节的价格。

（2）经营者有权在政府指导价规定的幅度内制定价格。

（3）经营者有权制定属于政府指导价、政府定价产品范围内的新产品的试销价格，特定产品除外。

（4）经营者有权检举、控告侵犯其依法自主定价权利的行为。

2. 经营者进行价格活动时应履行的义务

（1）经营者应当努力改进生产经营管理，降低生产经营成本，为消费者提供价格合理的商品和服务，在市场竞争中获取合法利润。

（2）经营者应当根据自己的经营条件建立、健全内部价格管理制度，准确记录与核定商品和服务的生产经营成本，不得弄虚作假。

（3）经营者进行价格活动，应当遵守法律、法规，执行依法制定的政府指导价、政府定价和法定的价格。

（4）经营者销售、收购商品和提供服务，应当按照政府价格主管部门的规定明码标价，注明商品的品名、产地、规格、等级、计价单位、价格或服务的项目、收费标准等有关情况。

（5）经营者不得在标价之外加价出售商品，不得收取任何未予标明的费用。

3. 经营者不得从事的不正当价格行为

为防止不正当竞争的价格行为，《价格法》明确规定的经营者不得从事的不正当价格行为如下：

（1）相互串通、操纵市场价格的行为

相互串通、操纵市场价格的行为是指经营者相互串通，操纵市场价格，损害其他经营者或者消费者的合法权益。这一行为实际上是经营者垄断市场价格的行为。价格垄断行为分为两种类型：一是滥用市场优势控制市场价格的行为；二是联合控制价格的行为，包括联合固定价格行为、限制转售价格行为等。

（2）倾销行为

倾销行为是指经营者在依法降价处理鲜活商品、季节性商品、积压商品等商品外，为了排挤竞争对手或者独占市场，以低于成本的价格倾销，扰乱正常的生产经营秩序，损害国家利益或者其他经营者的权益。应当注意，并不是所有低于成本价格销售的行为就是倾销行为，判断是否构成倾销行为：一看手段，即看其定价是否低于成本，舍本销售；二看目的，即看其是否是为了排挤竞争对手或者独占市场；三看结果，即是否扰乱了正常的生产经营秩序，损害国家利益或者其他经营者的合法权益。

（3）哄抬价格行为

哄抬价格行为是指经营者捏造、散布涨价信息，哄抬价格，推动商品价格上涨过高。哄抬价格行为是一种故意扰乱市场秩序的行为，尤其是在商品供不应求时，捏造、散布涨价信息，可能会引起商品价格上涨过高，造成市场秩序混乱，引起消费者恐慌，形成经济和社会的不稳定。

（4）虚假的或者使人误解的价格行为

虚假的或者使人误解的价格行为是指经营者利用虚假的或者使人误解的价格手段，诱骗消费者或者其他经营者与其进行交易。欺骗性价格表示也被称作价格欺诈行为。主要表现形式有：一是虚假降价，如虚假宣传伪装降价、虚拟原价谎称降价实则提价等；二是模糊标价，如用两种意思标价，类似"原价100元，大降价30元"这样的话，就有两种意思：其一是降价后卖30元，其二是降价30元卖70元；三是两套价格，经营者对同种商品或服务故意使用两种标价签或价目表，以低价招徕顾客、高价结算。

（5）价格歧视行为

价格歧视行为是指经营者提供相同的商品或者服务，对具有同等条件的其他经营者实行价格歧视。通常表现为商品或服务的提供者提供相同等级、相同质量的商品或服务时，使同等交易条件的接受者在价格上处于不平等地位，妨碍了经营者之间的正当竞争。

（6）变相提高或降低价格的行为

变相提高或降低价格的行为是指经营者采取抬高等级或者压低等级等手段收购、销售商品或者提供服务，变相提高或者压低价格。变相提价的主要手法有偷工减料、以次充好、降低质量、掺杂使假、缺斤短两等，变相降价的主要手法有收购商品时压级、压秤等。

（7）牟取暴利行为

牟取暴利行为是指经营者违反法律、法规的规定牟取暴利。价格法中所称的暴利是指通过不正当的价格手段在短时间内获得的巨额利润。暴利行为既严重背离价值，也不反映供求关系，破坏了市场经济等价交换、公平竞争的基本法则，严重损害了消费者的合法权益。

（8）法律、行政法规禁止的其他不正当价格行为。

这是指除上述七种行为以外，《价格法》尚未列举，而实际经济生活中将要产生的其他不正当价格行为。

四、我国价格管理体制及有关规定

（1）国务院价格主管部门统一负责全国的价格工作。价格主管部门具体说是国家发展和改革委员会。国务院其他有关部门在各自的职责范围内，负责有关的价格工作。

（2）县级以上地方各级人民政府价格主管部门负责本行政区域内的价格工作，县级以上地方各级人民政府其他有关部门在各自的职责范围内，负责有关的价格工作。

（3）《价格法》规定，价格监督检查的执法主体是县级以上的各级人民政府的价格主管部门，即其有权对经营者的价格活动进行监督检查，并依照《价格法》的规定对价格违法行为实施行政处罚。

五、经营者违反《价格法》的法律责任

根据《价格法》和《价格违法行为行政处罚规定》，违反《价格法》的法律责任主要是施行行政处罚。

（1）经营者相互串通，操纵市场价格，造成商品价格较大幅度上涨的，责令改正，没收违法所得，并处违法所得 5 倍以下的罚款；没有违法所得的，处 10 万元以上 100 万元以下的罚款；情节较重的，处 100 万元以上 500 万元以下的罚款；情节严重的，责令停业整顿或者由工商行政管理机关吊销营业执照。

（2）经营者违反《价格法》第 14 条的规定，有推动商品价格过快、过高上涨行为的，责令改正，没收违法所得，并处违法所得 5 倍以下的罚款；没有违法所得的，处 5 万元以上 50 万元以下的罚款；情节较重的，处 50 万元以上 300 万元以下的罚款；情节严重的，责令停业整顿，或者由工商行政管理机关吊销营业执照。

（3）经营者违反《价格法》第 14 条的规定，利用虚假的或者使人误解的价格手段，诱骗消费者或者其他经营者与其进行交易的，责令改正，没收违法所得，并处违法

所得 5 倍以下的罚款；没有违法所得的，处 5 万元以上 50 万元以下的罚款；情节严重的，责令停业整顿，或者由工商行政管理机关吊销营业执照。

（4）经营者违反《价格法》第 14 条的规定，采取抬高等级或者压低等级等手段销售、收购商品或者提供服务，变相提高或者压低价格的，责令改正，没收违法所得，并处违法所得 5 倍以下的罚款；没有违法所得的，处 2 万元以上 20 万元以下的罚款；情节严重的，责令停业整顿，或者由工商行政管理机关吊销营业执照。

（5）经营者不执行政府指导价、政府定价的，责令改正，没收违法所得，并处违法所得 5 倍以下的罚款；没有违法所得的，处 5 万元以上 50 万元以下的罚款，情节较重的，处 50 万元以上 200 万元以下的罚款；情节严重的，责令停业整顿。

（6）经营者不执行法定的价格干预措施、紧急措施的，责令改正，没收违法所得，并处违法所得 5 倍以下的罚款；没有违法所得的，处 10 万元以上 100 万元以下的罚款；情节较重的，处 100 万元以上 500 万元以下的罚款；情节严重的，责令停业整顿。

我国《食品安全法》的相关知识

《食品安全法》是调整国家对食品安全进行监督管理及食品的生产经营过程中形成的社会关系的法律规范的总称。《食品安全法》的作用是保证食品卫生，防止食品污染和有害因素对人体的危害，保障人民的身体健康和生命安全。

一、《食品安全法》的适用范围

凡是在中华人民共和国境内从事食品生产经营活动，就必须遵守《食品安全法》。它适用于一切食品、食品添加剂、食品容器、包装材料和食品用工具、设备；也适用于食品的生产经营场所、设施和有关环境。

二、《食品安全法》关于食品生产经营的规定

1. 食品生产经营的要求

食品生产经营应当符合食品安全标准，并符合下列要求：

（1）具有与生产经营的食品品种、数量相适应的食品原料处理和食品加工、包装、储存等场所，保持该场所环境整洁，并与有毒、有害场所以及其他污染源保持规定的距离。

（2）具有与生产经营的食品品种、数量相适应的生产经营设备或者设施，有相应的消毒、更衣、盥洗、采光、照明、通风、防腐、防尘、防蝇、防鼠、防虫、洗涤以及处理废水、存放垃圾和废弃物的设备或者设施。

（3）有食品安全专业技术人员、管理人员和保证食品安全的规章制度。

（4）具有合理的设备布局和工艺流程，以防止待加工食品与直接入口食品、原料与成品交叉污染，避免食品接触有毒物、不洁物。

（5）餐具、饮具和盛放直接入口食品的容器，使用前应当洗净、消毒，炊具、用具用后应当洗净，保持清洁。

（6）储存、运输和装卸食品的容器、工具和设备应当安全、无害，保持清洁，防止食品污染，并符合保证食品安全所需的温度等特殊要求，不得将食品与有毒、有害物品一同运输。

（7）直接入口食品应当有小包装或者使用无毒、清洁的包装材料、餐具。

（8）食品生产经营人员应当保持个人卫生，生产经营食品时，应当将手洗净，穿戴清洁的工作衣帽；销售包装的直接入口食品时，应当使用无毒、清洁的售货工具。

（9）用水应当符合国家规定的生活饮用水卫生标准。

（10）使用的洗涤剂、消毒剂应当对人体安全、无害。

2. 禁止生产经营的食品

（1）用非食品原料生产的食品或者添加食品添加剂以外的化学物质和其他可能危

害人体健康物质的食品，或者用回收食品作为原料生产的食品。

（2）致病性微生物、农药残留、兽药残留、重金属、污染物质以及其他危害人体健康的物质含量超过食品安全标准限量的食品。

（3）营养成分不符合食品安全标准的专供婴幼儿和其他特定人群的主辅食品。

（4）腐败变质、油脂酸败、霉变生虫、污秽不洁、混有异物、掺假掺杂或者感官异常的食品。

（5）病死、毒死或者死因不明的禽、畜、兽、水产动物肉类及其制品。

（6）未经动物卫生监督机构检疫或者检疫不合格的肉类，或者未经检验、检验不合格的肉类制品。

（7）被包装材料、容器运输工具等污染的食品。

（8）超过保质期的食品。

（9）无标签的预包装食品。

（10）国家为防病等特殊需要明令禁止生产经营的食品。

（11）其他不符合食品安全标准或者要求的食品。

三、食品安全卫生管理的有关规定

（1）各级人民政府的食品卫生管理部门负责本辖区食品卫生管理。

（2）食品生产经营人员每年必须进行健康检查。

（3）国家对食品生产经营实行许可制度。从事食品生产、食品流通、餐饮服务，应当依法取得食品生产许可、食品流通许可、餐饮服务许可。

（4）国家建立食品召回制度。食品生产者发现其生产的食品不符合食品安全标准，应当立即停止生产，召回已经上市销售的食品，通知相关生产经营者和消费者。

我国《劳动法》的相关知识

《劳动法》是调整劳动关系以及与劳动关系有密切联系的其他社会关系的法律规范的总称。

一、《劳动法》的适用范围

我国《劳动法》规定，在中华人民共和国境内的企业、个体经济组织（以下统称为"用人单位"）和与之形成劳动关系的劳动者，适用于《劳动法》。国家机关、事业组织、社会团体和与之建立劳动合同关系的劳动者，也依照《劳动法》执行。

二、劳动者的权利和义务

1. 劳动者的权利

《劳动法》规定的劳动者权利主要有：平等就业和选择职业的权利、取得劳动报酬的权利、休息休假的权利、获得劳动安全卫生保护的权利、接受职业技能培训的权利、享有社会保险和福利的权利、提请劳动争议处理的权利、依法参加和组织工会的权利、参与民主管理进行平等协商的权利。

2. 劳动者的义务

劳动者在享受权利的同时，必须履行法定的各项义务，包括劳动者应当完成劳动任务、提高职业技能、执行劳动安全卫生规程、遵守劳动纪律和职业道德等方面。

三、用人单位的权利和义务

1. 用人单位的权利

用人单位的主要权利为：企业自主用人、自主分配生产任务和工作任务、自主分配工资或分配劳动报酬、自主制定规章制度、非过失性辞退职工。

2. 用人单位的义务

用人单位的主要义务为：支付劳动报酬、提供劳动保护条件、兴办集体福利事业、保障劳动者享有的劳动权利。

此外，用人单位禁止招用童工。《劳动法》规定，公民参与劳动法律关系必须年满16周岁并具有劳动能力，禁止用人单位招用未满16周岁的未成年人；如果是文艺、体育和特种工艺单位招用未满16周岁的未成年人，必须依照国家规定，履行审批手续，并保障其接受义务教育的权利。

四、工资

工资分配应当遵循按劳分配的原则，实行同工同酬；国家实行最低工资保障制度，用人单位支付劳动者的工资不得低于当地最低工资标准；工资应当以法定货币形式按月支付给劳动者本人，不得克扣或者无故拖欠劳动者的工资。

五、劳动争议的处理

1. 劳动争议处理的原则

（1）合法、公正、及时处理的原则。

（2）依法维护劳动争议当事人的合法权益原则。

2. 劳动争议解决的方式和程序

用人单位和劳动者发生劳动争议，当事人可以依法申请调解、仲裁，提起诉讼，也可以协商解决。

劳动争议发生后，当事人可以向本单位劳动争议调解委员会申请调解；调解不成的，当事人一方要求仲裁的，可以向劳动争议仲裁委员会申请仲裁。但调解不是必经程序，发生争议后，当事人也可以直接向劳动争议仲裁委员会申请仲裁。仲裁是必经程序。对仲裁裁决不服的，当事人可以向人民法院提起诉讼。如果在用人单位设立的调解委员会经调解达成协议的，当事人应当履行。

主要参考文献

［1］劳动和社会保障部中国就业培训技术指导中心．营业员［M］．北京：中国劳动社会保障出版社，2004.

［2］田蓉蓉，左佳．韩式礼品包装［M］．郑州：河南科学技术出版社，2005.

［3］现代超市求职与上岗指南编委会．如何做一名优秀的营业员［M］．广州：广东经济出版社，2006.

［4］劳动和社会保障部教材办公室．营业员（初级、中级、高级）［M］．北京：中国劳动社会保障出版社，2006.

［5］赵永秀．优秀营业员技能培训手册［M］．深圳：海天出版社，2008.

［6］张玉斌，陈迎欣．营业员快速培训教程［M］．北京：化学工业出版社，2008.

［7］汤向阳，印文郁．销售服务技术［M］．北京：高等教育出版社，2009.

［8］张杰．超市商场销售员职业技能培训［M］．北京：电子工业出版社，2010.